正しい「未来予測」のための
武器になる数学アタマのつくり方

髙橋洋一
Yoichi Takahashi

マガジンハウス

はじめに

「数学アタマ」で
論理的に考え、
正しい未来予測をしよう。

世の中に、数学が嫌いあるいは苦手という人は数多くいる。特に、いわゆる「文系」といわれている人たちに多いようだ。感性であるとかセンス、気持ちなどといったふわっとした話ばかりが先行する人たちも、しばしば数学が不得意なようである。

一見頭が柔らかいように見えるが、そういった人たちに限って物事の良し悪しを0点か100点かで考えがちである。たとえば、売上30％増を目標に掲げたとしよう。努力を重ねて、20％までは上げたとする。これをどう評価するかということだ。「目標に達していないから駄目だ」と考えるのであれば、それは間違いなく0点か100点かの人である。目標30％増のうち20％増まで来たのだから、点数をつけるとすればだいたい65～70点だ。学校の成績でいえばなんとか及第点ということになる。

もちろん、100点ではない。それはその通りだが、ここで「目標として掲げた30％増でないから駄目だ」と言うことは、「100点でなければ駄目だ」と言うことと変わらない。

100点でなければ駄目だと言うのであれば、世の中のすべてのことは、もはやたいがい駄目である。そうダメ出しをする人たちには、「あなたはこれまでに何回100点を取ったことがあるのか」と尋ねてみればよい。

100点を取れる人などごくわずかであることを知っている人は「100点ではない。しかし、落第点ではない」という言い方をする。実はこれこそ、「物事を数量的に見る」つまり「数字アタマで考える」ということなのである。

本書を通じて、物事を数量的に見るということ、会計や統計、確率、経済理論についての知識がいかに現代のビジネスマンに不可欠であるかもわかってくるはずだ。たとえば、あなたは「バランスシート」という言葉を聞いて、それがどういうものか明快に説明できるだろうか。または、バランスシートというものを一度でも見たことがあるだろうか。

第1章で説明するが、バランスシートを含む財務諸表は、企業の経営状態から外部との権力関係までがわかる書類である。他社の財務諸表を参照することは、競争である資本主義社会において欠かせない。よって、バランスシートをはじめとする財務諸表を読むための会計的な知識は、海外のビジネスマンにとっては常識だ。

先行き不安な時代を生き抜くためには、未来の予測がなければ戦略も作戦も立てることはできない。数学的な知識は、必須の教養だと言うことができるだろう。

「文系バカ」が牛耳る世の中に甘んじてはいけない

私はテレビなどでよく、元財務官僚などと紹介される。私が入省した1980年は大蔵省と呼ばれていた時代だが、財務省は文系である東京大学法学部出身者が支配する世界だ。

私もまた東大だが、理系の理学部数学科出身である。専門は数学だ。数学科を出た後で、経済学部に学士入学し、卒業している。博士号は「Policy Studies（政策学）」で取得した。近年は、自分の専門分野のひとつとして「数量政策学」という用語を使っている。

財務官僚時代、私は職場では異端児だった。財務省は話題づくりのために2年に一人くらい、変わった経歴の人間をとる。〝変人枠〟と呼ばれているが、私はその枠だった。省の歴史で、数学科出身者は私で3例目である。

入省してみると、法学部出身の大蔵官僚たちとは住む世界が違っていると感じた。エリート意識が強く、「俺たちは日本の国家財政の専門家だ」と豪語していたが、私に言わせれば、会計、財政、経済の専門家にすらなれない素人たちの集まりだった。

財務省（大蔵省）は英語で「Ministry of Finance（ミニストリー・オブ・ファイナンス）」という。ファイナンスは、会計という意味を持つ。しかし大蔵官僚の多くは文系の法学部出身で、会計のことはほとんどわかっていなかった。バランスシートを正しく見れずに、国の資産にふれることなく国の借金のことしか言わない。〝借金〟のことばかり話して〝資産〟のことを話さないのは、彼らに「増税したい」という底意があるからでもある。

財務省は、時に「最強の官庁」などと呼ばれる。日本で最強の官庁において、そこでは会計の専門知識が必要であるにもかかわらず、文系の人々が専門知識もないまま牛耳っている。そして、いまだに世間では、「財務官僚はエリート」だとか、「東大、特に法学部出身はすごい」だとか「偏差値は高いほうがいい」などといった思い込みが根強く、この状況を下支えしている。学歴が華々しかろうがなんだろうが、バカはバカだ。

さらに言えば、政治家、企業経営の世界でも文系の人たちが多いのが日本である。特筆しておくべきなのは、マスコミにおける文系出身者の多さだろう。

実は世の中には数学を基盤とする分野が夥《おびただ》しい。ところがマスコミには数学的・数理的発想を理解していない人が多いから、情報をきちんと伝えることができない。たとえば財務省が流す「国には大きな借金があり、財政再建のために消費税を上げなければいけない」といった情報の正誤をチェックすることもできず、そのまま垂れ流すように報道する。

現在の日本は、政治家や官僚、マスコミなどの「文系バカ」に牛耳られている。しかし逆に言えば、数学的思考や数理的発想を身につければ、世の中に蔓延《まんえん》するあいまいさやニセ情報、といったものを見抜くことができ、本当のことがわかってくる、ということだ。ビジネス上のライバルと圧倒的な差をつけることもできるし、大切な資産を守ることもできるのである。

今こそ数学的思考は武器になる。まずは本書で、その基礎の基礎を手に入れていただきたい。

髙橋洋一

CONTENTS

第2章

〝需要〟と〝供給〟を正しく語る「経済アタマ」のつくり方

第3章 世の中の動きを正しくとらえる「統計アタマ」のつくり方

第4章 安全保障を冷静に正しく考える「確率アタマ」のつくり方

第5章 フェイク情報にだまされない、正しい「予測アタマ」のつくり方

第1章

〃お金の流れ〃を正しく理解する「会計アタマ」のつくり方

会計を知れば、東大法学卒より賢くなれる⁉

「会計」という言葉を聞いてまず、どのようなことを思い浮かべるだろうか。会計士や税理士という言葉はおなじみだろう。ともに難関とされている国家試験の取得が必要なこともあり、特殊な知識と技能を身につけた専門職だと思われている。特殊技能だと思われているということは、会計は自分には関係のない、仕事や生活に必要のない分野だと思われているということだ。これは大きな間違いである。

世界で会計の原理原則は、「知っていて当たり前の常識」だ。理由がある。

いま会社がどうなっているか、外に向けて公式に経営状態を伝える書類のことを「財務諸表」といい、財務諸表を作成する方法・技術のことを「簿記」という。会計学はこれらの方法・技術の根拠となる理論、原理・原則のことをさす。

財務諸表とは何だろうか。ライバルの会社やこれから取引を開始しようとする会社、もっと身近に引き寄せて言えば、これから自分が就職しようとする会社の経営状態、および事業の展開状況がひと目でわかる書類である。誰に話を聞くよりも確実に明解にわかる。

そして財務諸表は会計の知識がなければ読むことはできない。つまり、**会計の知識は本質的にビジネスに不可欠**なのだ。

簿記にまつわる細かい知識はともかく、会計を特殊技能だと勘違いして、「自分とは無関係、知らなくていい」としているようでは、ビジネスエリートどころか社会人としてお話にならない。

会計の知識をもって財務関係の書類を見ると本当のカネの流れがわかる。

カネと権力はつながっているから、カネの流れがわかれば、権力関係も見えてくる。本当のカネの流れが読み取れるようになると、世の中の見え方も変わり、確実に今よりは賢く世の中がとらえられるようになる。

簿記は技術であるから覚えるべきことが非常に細かいが、これを改めて勉強する必要はない。簿記を知っておいて損することはないが、財務書類を読むうえでは、細かいことより「原理・原則」を知ることのほうが役に立つ。

この章は、社会人として身につけておきたい最低限の会計知識、常識としての会計知識を紹介していくのが目的である。

1990年代、「不良債権」というものが大きな問題になったことがある。戦後日本の最重要問題とされた。

銀行の貸出金が大きく毀損《きそん》される事態となったわけだが、銀行の幹部は不良債権処理の経験に乏しく、銀行の監督官庁である大蔵省（当時）の幹部もまた会計知識にきわめて乏しく、まともに不良債権処理の話ができない状態に陥った。会計知識をもってきちんと状況を説明できる人が誰もいないのである。

なぜかといえば、当時の大蔵省幹部はほとんどが東京大学法学部卒業だったが、東大の法学部や経済学部では会計はレベルの低い学問とされており、誰もまともに勉強していないし勉強できる環境になかったからだ。

「税務大学校」という国税局や税務署で税務に携わる国家公務員を研修する機関があ

るが、そこで会計は勉強する。しかし、税務大学校に来る税務署員は現場の職員が多い。幹部職員は会計をよく知らないのに知っているものとして扱われている。

政策の方針を決めるために役所が開く審議会に有識者として入った東大経済学部の教授も同じく会計の知識がなく、当時、不良債権に関しては恥ずかしいくらいトンチンカンな話をしていた。

つまり、会計を勉強すれば、たちまち、東大法学部や経済学部卒の人間より賢くなれるという現実さえある。

「不良債権とは何か」を正しく語ることができるか

私はかつて不良債権償却の「大魔王」というあだ名を頂戴していた。1993年、私は当時の大蔵省キャリア官僚としては異例の金融検査官となり、不良債権処理を命じられた。会計をちゃんと勉強していた人間が私くらいしかいなかったからである。

私は実地に銀行に検査に入って、不良債権処理を命ずるとともに、そのための理論書を執筆した。当時の銀行幹部であれば誰もが知っている『金融機関の債権償却』、表紙が青色だったことから通称「青本」と呼ばれるこの本は不良債権処理のバイブルとして活用され、不良債権処理怠慢による商法違反事件においては裁判でしばしば引用された。

さて、この「不良債権」という言葉をちゃんと説明できるかどうかが、会計知識があるかないかのいいテストになる。不良債権という言葉を正確に定義できる人がどれくらいいるだろうか、ということだ。

「なんとなくよからぬもの」といったイメージでとらえているにすぎない人が圧倒的に多いはずである。たとえば「不良債権500兆円」と聞いた時、どんなことを考えるか、という話だ。

まずおさえておかなければいけないのは**「債権とは資産のことである」**ということである。預金や土地家屋、有価証券など資産にはいろいろあるが、ここでは株で考えてみよう。

たとえば、Aという会社の株を200万円で買ったとする。

帳簿には買った時の金額で記録する。これを「帳簿価格」という。ところがA社の株価が下がり、この株の価値が120万円まで下がったとする。この120万円を「実質価格」という。

「帳簿価格＝実質価格」あるいは「帳簿価格＜実質価格」であれば問題はない。しかし、「帳簿価格＞実質価格」になると問題だ。損をすることになるからである。

「帳簿価格＞実質価格」となった場合、買ったA社の株つまり債権は、「損をさせる＝不良」となる。これが「不良債権」だ。厳密には、帳簿価格より一定以上実質価格が低い場合の債権を不良債権と呼んでいる。

帳簿価格と実質価格の差は損になる可能性があり、その差額を一般的に「不良債権損失額」という。**「不良債権額」と「不良債権損失額」の違いに要注意**だ。

別のケースとして、Bという会社に1000万円を貸し付けたとする。500万円が返済されたところでB社が倒産した。債権処理をする中で、未返済のうち100万円しか戻ってこなかった。損をするわけだから、持っているB社の債権1000万円が「不良債権額」である。1000万円－500万円－100万円＝400万円が「不良債権損失額」だ。

「500兆円の不良債権」という言い方を、たとえば新聞などのマスコミがした時、あるいは評論家などといった人間がした時には注意が必要である。会計知識がしっかりしていないから、正しく「帳簿価格500兆円の不良債権」の話をしているのか、「不良債権損失額が500兆円だ」と言っているのかハッキリしない場合が多い。

これでは、「とにかく大変な事態だ」といった誇大表現に過ぎず、実際には何も言っていないのと同じことだ。

大変な事態なのかそうでないのか、事態を正確にとらえるためには「不良債権になっている債権総額がいくらで、そのうち損失予想額（不良債権損失額）がいくらである」ということを見なければ話にならない。

会計の知識があれば、こうした言葉もすっきりと定義でき、根拠もなく大騒ぎすることはなくなる。バカな経済ニュースや、ネットをにぎわせている流言飛語にも惑わされなくなるだろう。

会計用語は「外国語」を学ぶつもりで学ぼう

「不良債権」という言葉は日本語だ。しかし、その意味を正確に理解しているかどうかは、先にも述べた通り、たいへんあやしい。

いわゆる文系の人たちのほうが、〝言葉〟を安易に使っているように感じる。なまじ日本語であるから、わかっている気でいたり、理解しているつもりになっている。厄介なのはこの点だ。

会計で使う言葉は、財政状況を表現することに特化した「記述言語」である。コンピュータ・プログラムで使う言語と同じで、一つひとつに明確な定義がしてある言語だ。

たとえ日常生活で出てくるような言葉であっても、普段の暮らしで使われる時の習慣的なニュアンスとは違う。専門性が強く、「日本語であって日本語ではない」と考えたほうが正しい。

新聞などで経済記事を読んでも何が書いてあるのかさっぱりわからない、という人は多いだろう。読んだ気になり、経済をわかったような気になっているという状態だ。こういったことの原因は、ひとえに会計用語の専門性にある。

もちろん、記事自体が記者の知識不足でしっかり書かれていない場合もある。記事そのものがあやしい場合にはどうしようもないが、会計で使う言葉を知らずに経済記事を読むのは、英語を知らないのに英字新聞を読むのとほとんど変わらない。

だから、今の段階で経済記事が理解できないとしても思い悩む必要はない。これから会計用語について、外国語を学習するときのように、白紙で素直な頭をもって相対していけばよいのである。

会計という記述言語は普遍的で、いったん覚えてしまえば半永久的に使える。「お金」を説明するのに、会計ほど便利で手っ取り早い言語はない。

特に投資を始めたい時、事業を興したい時など、会計を知っているのと知らずにいるのとでは大きく変わってくる。

前述したが、世界で会計は知っていて当然の常識とされているのは、財務書類を読むのに必要だからだ。財務書類にはウソは許されない。法律でそう定められている。したがって、財務書類を読めば、その企業の実態がありありとわかるようにできている。一般的にはテレビ放送業として知られている「テレビ局」が実態は不動産業である、という企業の「表」の顔と「裏」の顔も財務書類を見れば簡単にわかる。

私たちは資本主義社会に生きている。資本主義においては、よくも悪くも、カネは権力の象徴だ。カネを握っている人がいちばん強い。一般家庭も、それが夫か妻かはともかく財布のヒモを握っているほうに主導権がある。

企業も国も同じことで、経理責任者や財務省は否が応でも権力を持ち、企業としてはカネを握っている銀行に下手に出ざるをえない。**世の中は「お金＝権力」の関係で回っている。**

ウソが許されない財務書類には、誰がどれだけカネを出しているかなど、その企業をめぐる権力関係がありありと書かれている。たとえばコネを使っていろいろな人々に話を聞くよりもはるかに確実に事実が読み取れる。

会計を学ぶということは、カネと権力という、資本主義の基本原理の流れを的確に見抜く力を身につけるということだ。したがってビジネスエリートたるには必須の知識なのである。

基礎知識としての「2種類の表」と「複式簿記」

お金の流れということを考えた時、まずパッとアタマに思い浮かばなければいけない2種類の表がある。つまり、この2種類の表が最低限の会計の基礎知識であり、これだけおさえておけばお金の流れをほぼ飲み込める原理原則ということになる。

2種類の表とは、「BS（Balance Sheet／バランスシート）＝貸借対照表」と「PL（Profit and Loss statement／プロフィット・アンド・ロス・ステイトメント）＝損益計算書」だ。

BSとPLを端的にまとめて説明すると次のようになる。

【BS】貸借対照表

決算時に、その企業が「どれくらいの債務を負っているか（負債）」および「どれくらいの資本を持っているか（資本）」、そして「これらのお金でどんな資産を手に入れて（資産）」、「差し引き、どれくらいの資産があるか（純資産）」をまとめた表。

【PL】損益計算書

1年間（もしくは4半期）に、その企業が「どれくらいの収益を得て」、「どれくらいのお金を必要経費などに使い」、「結果、どれだけの利益が出たか」をまとめた表。

そして、企業の財務書類はまずBSから見ていくのが基本である。

BSについて理解するには、おおまかでいいので「複式簿記」というものを知っておいたほうがよい。複式簿記とは、帳簿の付け方の一方法である。「右」と「左」にエリアを分けて帳簿をつけていく（※**図表①**参照）。

簿記の教科書では右側を「貸方」と説明しているが、これは「負債と資本」のことだ。英語でいうと「liability and capital」（ライアビリティ・アンド・キャピタル）である。

左側は「借方」と説明されているが、これは「資産」のことだ。英語でいうと

「asset」（アセット）である。

「負債と資本」、「資産」についてはは追ってわかってくるはずである。ここではまず、「右側で入ってくるお金を見て、それがどのように変わったのかを左側で見る」のが「複式簿記」だということをおさえておこう。

お金の流れには常に、「入ってくる」と「出ていって何かに変わる」の2つの側面がある。複式簿記は、このお金の流れの原理原則を明確にわかりやすく表現する方法だ。

複式簿記では右側と左側とで「一つのお金の取引」を表す。

図表① 複式簿記

参考例：資本金1000万円から、
現金200万円で自動車を購入した場合

日付	借方（資産）		貸方（負債と資本）	
4月1日	現預金	1000万円	資本金	1000万円
4月15日	自動車	200万円	現金	200万円

たとえば自動車を買ったとする。自動車を買うためのお金はどこから来たものだろうか。自分で稼ぐか借りたかしたお金で買うはずだ。

そこで、稼いだお金もしくは借りたお金を右側に書く。それで得た自動車の購入額を左側に書く。これが複式簿記だ。

ここで重要なのは、「誰の」お金の流れなのかということを常に意識する、ということである。たとえば株式の場合、「誰の」お金の流れなのかによって扱いが異なる。その株式の所有者から見れば「資産」になるから、株式の所有者の複式簿記の帳簿では左側に入る。出資を受けている会社から見れば「負債・資本」の合計となるから、その会社の複式簿記の帳簿では右側に入る。

この、「誰の」という基本をおろそかにすると、資産だとか負債だとかという言葉のイメージに気をとられてお金の流れを正しく見ることができなくなる。

企業の資産が一目でわかる「BS（貸借対照表）」

企業活動とは、「何らかの方法でお金を得て、それを何かに変える」ということである。この活動の一つひとつはすべて複式簿記で記録していくことができる。自分で会社を始めて経営するという場合に当てはめて考えてみよう。

まず右側の「負債と資本」には何を書いたらいいだろうか。

「負債と資本」とは「何らかの方法で得たお金」のことである。会社を始めるために借りたお金は「負債」だ。買掛金つまり代金後払いの仕入れ費などツケになっているお金も「負債」だ。「資本」とは、事業のために出資されたお金や、事業によって儲けたお金のことだ。

負債も資本も右側に入るが、負債は「いずれ返さなければいけないお金」、資本は

「返す必要のないお金」である。

銀行からお金を借りたら右側に入る。社債を売って得たお金も借金だから右側に入る。自分で調達した「資本金」や、株を売って得た「出資金」も右側に入る。事業を行って「利益」が出たら、これも右側に入る。

では、左側の「資産」には何を書いたらいいだろうか。

「得たお金を何かに変え」たものが「資産」である。銀行からお金を借りて製造用機械を買ったとすれば、右側の「負債」に借りた金額を書き、左側の「資産」に機械の金額を書く。

鉛筆一箱を現金で買ったならば、右側に「現金いくら」、左側に「鉛筆一箱いくら」などと書き付けていく。

これがお金とモノの取引ということだ。会社の経理部は、これを日々複式簿記で管理するという仕事をしている。

帳簿が1年分積み重なったところで、会社の成績を明らかにする「決算」が行われる。複式簿記で記された1年分の帳簿が、決算にあたって、前述した「BS」と「P

L」の2つの書類にまとめ上げられていくのである。

「BS（貸借対照表）」は、複式簿記の帳簿と同様に右側と左側に分かれている（※**図表②**参照）。右側が「お金の出どころ」、左側が「そのお金が形を変えたもの」という関係性はまったく同じである。ただし、決算書であるBSでは右側が上下に「負債の部」と「純資産の部」に分かれている。

つまり、**BSには「いずれ返さなければいけないお金＝負債」と「返す必要のないお金＝純資産」が明確に分けられて記載されている。**

BSの左側は「資産の部」だ。資金を得たら必ず何かしらの資産に変えるのが企業活動というものである。「資産」というのは製品を作るための機械や不動産などさまざまだ。

ここでちょっと、「現金」と「資産」の違いについておさえておこう。

たとえば同じ1億円でも、現金で持たずに設備という資産に変えると、製品を作って販売し、利益を得る可能性が生まれる。

図表② BS（バランスシート＝貸借対照表）

参考例：ある「資産５億円」企業の場合

（単位：千円）

資産の部		負債の部	
流動資産		流動負債	
現預金	80,000	支払手形	20,000
受取手形	70,000	買掛金	20,000
売掛手形	50,000	短期借入金	10,000
有価証券	15,000	流動負債合計	50,000
貸付金	10,000	固定負債	
流動資産合計	225,000	長期借入金	100,000
固定資産		社債	50,000
建物および建築物	30,000	固定負債合計	150,000
土地	150,000	負債合計	200,000
機械	75,000	純資産の部	
投資その他の資産		株主資本	
投資有価証券	20,000	資本金	200,000
固定資産合計	275,000	利益余剰金	100,000
		純資産合計	300,000
資産合計	500,000	負債・純資産合計	500,000

右側のお金が形を変えたもの

いずれ返さなければいけないお金

返す必要のないお金

お金の出どころ

また、たとえば2億円の資金を不動産という資産に変えると賃料が入り、2億3000万円で売却すれば3000万円儲かる。

資産に変えるということは、単なるお金を「収益を生むお金にする」ということだ。これが「現金」と「資産」の違いである。

お金の調達と運用を繰り返して資産を増やすことが会社の発展ということであり、企業活動ということだ。BSには、その企業の「お金の入りと出」「調達と運用」のある時点での成果が記されている。

BSを見れば、その企業がどんな資産を得ているのかがわかる。つまり、何を考えている企業なのかがわかるのである。

企業の本当の顔がわかる「PL（損益計算書）」

企業には、BSに記載されるような「資金で資産を得る」お金の流れ以外にも、たくさんのお金の出入りがある。「売上」もあり、水道光熱費や従業員への給与など「費用」として消えてしまうものもある。

1年間の、こうしたお金の出入りの結果としてどれだけ利益が出たかをまとめた書類が「PL（損益計算書）」だ（※**図表③**参照）。

証券取引所で株式売買できるよう認可された上場企業には、財務局長と証券取引所に対して有価証券報告書の提出が義務付けられているが、これに含まれるPLには「セグメント（区分）情報」が付いていて、事業ごとの収益と利益までが明記されている。

図表③ PL（プロフィット・アンド・ロス・ステイトメント＝損益計算書）

参考例：ある「売上高５億円」企業の場合

（単位：千円）

科目	金額
売上高	500,000
売上原価	350,000
売上総利益	150,000
販売費及び一般管理費	100,000
営業利益	50,000
営業外収益	
受取利息	500
受取配当金	3,000
営業外費用	
支払利息	1,500
経常利益	52,000
特別利益	
固定資産売却益	2,000
特別損失	
減損損失	500
税金等調整前当期純利益	53,500
法人税等合計	6,500
当期純利益	47,000

BSの利益剰余金に含まれる（当期純利益）

実はどのような事業で経営が成り立っているかといった企業の本当の顔も明らかにされているのがＰＬだ。

ＰＬでは、「売上総利益」「営業利益」「経常利益」「当期純利益」が報告される。

「1年間で得た収益＝売上高」から「仕入れ＝売上原価」を引いたものが「売上総利益」である。この「売上総利益」から「販売費及び一般管理費」を引いたものが「営業利益」だ。販売費及び一般管理費とは、水道光熱費や従業員への給料、事務用品などの消耗品費、接待交際費などを指す。つまり「営業利益」とは、事業によって得た利益のことである。

「営業利益」に「営業外収益」と「営業外費用」の差し引きを合計したものが「経常利益」だ。「営業外収益」は利息や配当による収益、「営業外費用」は主に利息の支払いを指す。

「経常利益」に「特別利益」と「特別損失」の差し引きを合計したものが「税金等調整前当期純利益」で、ここから法人税などの税金を引いた額が「当期純利益」となる。

「特別利益」とは、たとえば不動産を売って得た利益などだ。「特別損失」は、たとえば不動産の価値が下がり、得られるはずの収益が損なわれた場合に計上される。

1年間の売上高がまずあり、そこからさまざまな費用やその他の収益や支払い、税金を足したり引いたりして出した「当期純利益」が、その企業の1年間の取引の結果である。

ここでちょっと、「ストック」と「フロー」のことを話しておこう。

ストックとは「特定の時点での話」という意味である。フローとは「ある期間での話」という意味だ。BSは、決算時という特定の時点での負債、純資産、資産の状態を記しているから「ストック」の話である。PLは1年間のお金の出入りをまとめたものだから「フロー」の話だ。

いわゆる「お金持ち」には2種類ある。

資産を受け継いだ「資産家タイプ」と、事業で稼ぐ「実業家タイプ」である。資産家タイプは現時点での資産つまりストックがたくさんある人のこと、実業家タイプは毎年の利益つまりフローがたくさんある人のことだ。

どちらが本当のお金持ちかという話ではなく、企業の経営状態を見るときにも同じ見方ができる。ＰＬの「営業利益」が前期より増えていれば、ここ1年間の事業でより多く稼いだということだから上手な経営をしていると言うことができ、利益が増えれば資産も増えることになるだろうと想像できる。

ＢＳを見ると不動産など大きな資産を持ってはいるが、ＰＬの「営業利益」が減っているという企業もある。この場合、資産から少なからぬ収益を得ているはずだと推測できる。

推測を確かめるためにはＰＬの「営業外収益」を見る。不動産であれば賃料は「売上」に、売却益であれば「特別収益」に計上される。

「営業利益は下がっているが過去の資産が経営を下支えしている企業である」などといったこともＢＳとＰＬからわかるのである。

「借金」＝「悪」ではない！

お金を借りるたびに飲み食いに消えてしまうのは問題である。しかし、借りたお金で家を買ったり自動車を買ったりするとなると話は違う。家や車を買うことは「資産」を得るということであり、この場合にはいちがいに「借金＝悪」とは言えない。

企業も同様だ。事業に必要な機械を購入したり、不動産を買う足しにするなど、借りたお金の使いみちはさまざまだが、債務を負うことで「資産」を得る。

では、**負債を持つことには何の問題もないかというとそれは違う。ならば、資産が多ければ問題がないかというとそれも違う。重要なのは「負債と資産のバランス」である。**

先にも説明した通り、ＢＳの右側は「お金の出どころ」を示している。「お金の出どころ」は、大きく分けて3つある。「誰かから借りたお金」である借入金や社債、「自分や他人が出資したお金」である株主資本、「自分で稼いだお金」である利益剰余金だ。

「誰かから借りたお金」は「負債」に入る。「自分や他人が出資したお金」「自分で稼いだお金」は「純資産」（資本）に入る。

そして、「負債」と「純資産」の合計額つまり右側は、左側の「資産」の合計額と一致する。右側と左側が一致する様子を示すのがBSだから、これはあたりまえの話だ。言葉の定義のようなものである。

つまり、右側の「負債」も「純資産」も、不動産や有価証券など何らかの「資産」に形を変えて左側に流れているということだ。資産に変わっていない分は「現預金」として左側にちゃんと計上される。

そして、これもあたりまえの話なのだが、「資産」から「負債」を引くと〝純資産〟となる。**「資産」の大きさや「負債」の大きさが問題ではなく、「純資産」の大きさ＝「純資産がプラスかマイナスか」が問題なのである。**

「グロスで見る」「ネットで見る」という言い方がある。

「グロスで見る」とは、「BSの負債額だけを見る」、あるいは「BSの資産額だけを見る」という意味である。何か必要があってあえて別個に知りたい場合は、「グロスで見る」こともありえる。しかし、それでは企業の財務状況は正確にはつかめない。

たとえば、資産額1億円のA社と資産額2億円のB社があったとしよう。資産額だけを「グロス」で見ればB社のほうが優良企業に見える。

ところが、A社に2000万円の負債、B社に1億5000万円の負債があった場合、どうなるだろうか。「資産」から「負債」を引いた「純資産」の額は、A社は8000万円、B社は5000万円となり、評価は逆転する。財務状況においてはA社のほうが優良企業だ、という判断に至る。

負債額だけをグロスで見ても、同様の読み違いが起こる。

たとえば、5億円の負債がC社にあったとしても、資産が10億円あれば「純資産」は5億円。D社は負債額2億円でC社より負債は少なかったとしても、資産額3億円であれば「純資産」は1億円。この場合は5億円の負債があるC社のほうが経営は安泰だと言える。

これが、負債や資産をグロスではなく「ネットで見る」ということである。BSにおいては、「純資産」を見るということが「ネットで見る」ということだ。

企業の財政状況を正確につかむには、「資産と負債の差引金額」を見なくてはいけないのである。

国の借金1000兆円の真実

「日本はいま1000兆円の借金を背負っている。国民一人当たりに直すと800万円になる。みなさん、こんな借金を自分の子や孫に背負わせていいのか。借金を返すためには増税が必要だ」といった話は誰もが一度は耳にしたことがあるだろう。財務省（大蔵省）が1980年代から繰り返し言い続けてきていることである。

1000兆円の借金とは何を指して言っているのだろうか。

その正体と、実はここには大きなウソがあるということも、政府のバランスシートを見ればすぐにわかる。経営者が企業を運営するように、政府は国を運営する。当然、政府にもBSとPLがある。

政府の財務書類は財務省のウェブサイトで簡単に入手できる。まず、このことを知らない人が多すぎる。

政府のBSを最初につくったのは私である。単に実際の政策運営上、必要だったからで、1994年、大蔵省にいた時のことだ。その時には大蔵省内部で、「そんなものは出すな！」という話になり公表は見送られた。２００４年頃、小泉純一郎総理（当時）に、「政府のバランスシートはこのようになります」と私が話すと、「すぐに出せ！」ということになって今に至っている。つまり、**政府のＢＳは２００５年からずっと公開されている。**インターネットで閲覧できるようになっている。

政府のＢＳを読むうえでまず知っておく必要があるのは、**「企業は負債よりも資産のほうが多いほど安泰だが、政府のＢＳの場合は資産よりも負債のほうがちょっと大きいくらいでも健全だ」**ということである。

つまり政府には「利益剰余金」は存在しない。政府のＢＳの「純資産」は多くの場合マイナスである。これは世界のどの国も同じことだ。

それでもよほど大きなマイナスでなければ破綻しない。これは歴史の事実だ。

２０１９年（平成31年）１月29日に財務省のウェブサイトで公開された平成29年度の国の財務書類（一般会計・特別会計）から、政府のＢＳを見てみよう（※**図表④**参照）。ＢＳには細かい数字が並んでいるが、際立った数字だけを読んでいき、その意味がわかればよい。

図表④ 日本政府BS（平成29年度）

貸借対照表 （単位：百万円）

	前会計年度（平成29年3月31日）	本会計年度（平成30年3月31日）		前会計年度（平成29年3月31日）	本会計年度（平成30年3月31日）
〈資産の部〉			〈負債の部〉		
現金・預金	55,239,666	47,860,071	未払金	10,343,737	10,515,848
有価証券	119,868,932	118,517,982	支払備金	289,069	265,380
たな卸資産	4,285,405	4,299,555	未払費用	1,250,770	1,220,788
未収金	5,611,738	5,458,548	保管金等	906,814	1,030,143
未収収益	687,191	716,505	前受金	53,264	49,417
未収（再）保険料	4,736,879	4,735,921	前受収益	4,062	9,289
前払費用	1,914,748	5,474,106	未経過（再）保険料	130,116	36,413
貸付金	115,550,240	112,809,764	賞与引当金	316,794	325,560
運用寄託金	109,111,900	111,464,931	**政府短期証券**	84,660,527	**76,987,793**
その他の債権等	3,221,957	3,264,871	**公債**	943,279,091	**966,898,628**
貸倒引当金	△ 1,764,461	△ 1,623,059	**借入金**	30,764,461	**31,443,449**
有形固定資産	181,560,281	182,452,620	預託金	6,546,038	6,505,949
国有財産（公共用財産を除く）	29,855,770	30,305,869	責任準備金	9,698,894	9,135,615
土地	17,430,133	17,740,516	公的年金預り金	118,776,820	120,110,492
立木竹	2,943,594	2,997,650	退職給付引当金	7,215,820	6,697,342
建物	3,383,429	3,430,462	その他の債務等	7,387,103	7,643,198
工作物	2,733,065	2,658,601			
機械器具	0	0			
船舶	1,431,465	1,482,320			
航空機	715,630	714,501			
建設仮勘定	1,218,452	1,281,817			
公共用財産	149,714,932	150,267,144			
公共用財産用地	39,658,807	39,841,969			
公共用財産施設	109,624,055	110,060,581			
建設仮勘定	432,070	364,592			
物品	1,963,522	1,854,779			
その他の固定資産	26,055	24,826	**負債合計**	1,221,623,389	1,238,875,311
無形固定資産	264,985	281,123	〈資産・負債差額の部〉		
出資金	72,452,450	74,800,579	資産・負債差額	△ 548,881,473	△ 568,361,788
資産合計	672,741,915	670,513,522	**負債及び資産・負債差額合計**	672,741,915	670,513,522

財務書類を読みこなすには、数字を正しい単位で声に出して読むのがコツである。BSやPLに書かれている数字は億単位、兆単位であり、キリのいい位以下が切り捨てられて書かれていない。

（単位：百万円）とあれば、数字の最後の位が「〇百万円」となる。「123、456」とあれば「1234億5600万円」のことである。「この項目の数字が大きいな」というだけではだめで、「この項目の数字が大きい、約1235億もある」と言えて初めて数字が読めたことになる。これに慣れるには、数字を正しい単位で声に出して言うのがいちばんだ。

平成29年度の政府のBSにおいて、負債の部で際立った数字は「公債」である。966兆8986億2800万円。これが悪名高い「借金1000兆円」の正体だ。

ひとつ上に「政府短期証券　76兆9877億9300万円」がある。これと合わせることで堂々と「借金1000兆円」と騒いでいるのである。借金ということで言えば、さらに「借入金　31兆4434億4900万円」を足したものが日本政府の借金である。

重要なのは「資産」と「負債」のバランス

「借金の額だけを見て批判するのは的はずれである」ということはすでに述べた。重要なのは負債総額ではなく、〝資産と負債のバランス〟である。

先の日本政府のＢＳから、資産合計を見てみよう。６７０兆５１３５億２２００万円だ。負債合計は、１２３８兆８７５３億１１００万円である。資産合計から負債合計を引いた資産・負債差額を出せばバランスがわかるが、この数字は計算するまでもなくＢＳに書いてある。５６８兆３６１７億８８００万円である。

資産・負債差額がすでに書いてあるのだから、それだけ見ればいいではないかと思われるかもしれない。しかし、大きく際立った数字の勘定項目を確認するクセはつけておいたほうがいい。そうしたからこそ、「政府の負債のほとんどは公債だ」ということもわかったのだ。

「借金1000兆円」と騒ぐ人たちは、「資産・負債差額568兆3617億8800万円」が見えていない。何度も言うように負債の額が問題なのではない。「日本政府の純資産は約マイナス568兆円」が正しい言い方なのである。

問題は「日本政府の純資産は約マイナス568兆円」をどう見るかということだ。**568兆円は、一般人の感覚では途方もない額だが、政府の話として見れば問題のないレベルの数字だ。さらに政府はいろいろな、いわば「子会社」を持ち、グループ企業となっている。日本銀行はその代表的なものだ。つまり、日銀のBSを連結させていいのである。**

そこで、本書執筆時点で最新である2019年2月10日現在の営業毎旬報告による日銀のBSを見てみよう（※**図表⑤**参照）。日銀は10日おきにデータを公表している。

日銀のBSは（単位：千円）だ。「123、456」は「1億2345万6000円」である。ここでも数字を声に出して読むクセをつけておこう。

日銀にはいろいろな「資産」があるが、際立って大きい数字は「国債」の473兆8777億9235万8000円である。

図表⑤ 日本銀行BS

毎業毎旬報告（平成31年2月10日現在）

貸借対照表

（単位：千円）

資産	
金地金	441,253,409
現金	241,606,437
国債	**473,087,792,358**
コマーシャル・ペーパー等	2,356,414,350
社債	3,261,036,922
金銭の信託（信託財産株式）	900,059,815
金銭の信託（信託財産指数連動型上場投資信託）	24,173,933,141
金銭の信託（信託財産不動産投資信託）	504,129,758
貸付金	46,228,464,000
外国為替	6,701,202,093
代理店勘定	22,765,367
雑勘定	728,410,693
合計	558,647,068,349

負債及び純資産	
発行銀行券	**106,557,158,653**
当座預金	**376,800,497,980**
その他預金	22,464,649,523
政府預金	41,776,908,624
売現先勘定	8,735,782
雑勘定	2,614,547,293
引当金勘定	5,201,797,693
資本金	100,000
準備金	3,222,672,796
合計	558,647,068,349

日銀の「負債」で最も大きいのは「当座預金／376兆8004億9798万円」、次に大きいのが「発行銀行券／106兆5571億5865万3000円」だ。

当座預金とは「民間金融機関の日銀当座預金」、銀行発行券とは「発行された日本銀行券つまり紙幣」のことである。両方とも、言うまでもないが「お金」のことだ。

「お金がなぜ日銀の負債になるのか」といえば、「お金」は、会計的に言えば「日銀が発行する債務証券」だからである。会計の用語はこのように、普通の人々が日常生活の中で使っている言葉のイメージを超えている。だから、学習が必要なのだ。

日銀は、民間金融機関が保有している国債を買い、その代金を民間金融機関の当座預金に振り込むか、日銀券つまり紙幣を発行して渡す。その価値を保証するのは発行元であるところの日銀である。

つまり、「お金」は日銀が発行する「証文」である。したがって「発行銀行券＝日銀券＝紙幣」も「当座預金」も日銀の「負債」となる。

このように、ＢＳが読めると日銀がどんな仕組みの金融機関であるかということも理解できるようになる。凡百の評論家の解説を読むよりも明解にわかるはずである。

「統合BS（貸借対照表）」を見る
――世界の常識

発行銀行券が日銀の「負債」となることは前項で述べた。しかし、負債とはいえ、銀行券に対して日銀が利子を支払うことはない。ここが日銀のBSを読むときのひとつのポイントである。

別の「負債」である「当座預金」はどうか。当座預金とは、一般的には小切手や手形などの決済専用の口座のことを指し、民間金融機関においては無利子である。これは法令で定められている。

しかし、実は日銀の当座預金に関しては、民間金融機関は利子を受け取っている。本来は不合理な話なのだが、リーマンショック後の2008年10月、資金供給円滑化のための措置として日銀は補完当座預金制度を導入した。

金融機関には「準備預金制度」といって「受け入れている預金等の一定比率以上の

金額を日本銀行に預け入れること」が義務づけられている。金融機関は必ずいくらかの金額を日銀に預けておかなければならない、ということだ。

補完当座預金制度によって日銀は、一定比率以上の金額つまり法定準備預金額を上回って預けている金額＝超過準備金に対して利子をつけることにした。いわば、日銀の金融機関への「お小遣い」のようなものである。企業を経営している人なら、企業の金融機関への当座預金は無利子であることを知っているだろう。企融機関の日銀への当座預金は利子が付いているわけで、この意味で金融機関の「お小遣い」なのだ。

ただし、日銀は２０１６年、「マイナス金利政策」を実施して話題になった。

これはつまり以前の補完当座預金制度とは逆で、「これからは超過準備金に対しては利子を取りますよ」ということである。２００８年以来、利子がもらえていたのに取られることへ逆転したので民間金融機関は大騒ぎをしたが、ここは正確な理解が必要だ。日銀当座預金は４００兆円程度ある。しかし、マイナス金利が適用になるのはほんの一部である。ほとんどの部分にプラスの金利が付与されており、金融機関が日銀からお小遣いをもらっている状況に変わりはない。

ともあれ、**「当座預金」は「銀行発行券」といつでも代替でき、「銀行発行券」は日銀にとって負債ではあってても無利子・無償還で実質的な借金ではない**と言うことができる。つまり、返す必要のないお金だ。

したがって日銀のＢＳにおいて、「負債」は実質ほとんどゼロとして読むことができる。つまり日銀の「資産」は、国債分の約４７４兆円と読むことができるのである。

これを政府のＢＳに連結してみよう。日銀の資産４７４兆円が、ほぼそのまま政府の「資産」に加わることになる。**政府の「資産・負債差額」はマイナス５６８兆円からマイナス94兆円まで下がる。**

すでに述べたが、政府のＢＳは負債がちょっと多いくらいでも問題はない。一般に公開されており、かつまたネットで簡単に入手できるＢＳを読みさえすれば、日本政府の財務状況は問題のない健全なレベルにあることがすぐにわかる。

逆に言えば、国の借金１０００兆円などといって騒いでいる人は、それすらしていない残念な人、または知識の薄い国民を騙そうとしている人ということになる。

政府と中央銀行のＢＳを連結したものは「統合ＢＳ」と呼ばれている。統合ＢＳで政府の財務状況を見るのは世界の常識だ。

「国債発行額が増えれば増税につながる」というウソ

平成29年度の政府のBSを見ると、確かに政府は「公債／966兆8986億2800万円」「政府短期証券／76兆9877億9300万円」「借入金／31兆4434億4900万円」といった借金をしている。これをもって、「借金がたくさんあってけしからん」という声をよく聞く。

すでに述べてきたように、BSの右側のお金は左側へと流れている。つまり変化している。政府の「負債」は、多くの場合「資産」に変わっているのである。

お金をどのように使ったかは、企業の場合にはPLに明らかにされる。政府の場合、PLに相当するものが「予算書」だ。予算書は一般会計だけで1000ページ、特別会計まで含めると2000ページにもなる。在職の官僚ですら読みきれるものではないから詳細は放っておいてよい。基本的なところをおさえておこう。

政府の場合、税収ではまかないきれない支出を補うための「建設国債」と「特例国債」というものがある。インフラ整備など「建設」に関わる費用をまかなうのが建設国債で、それ以外が特例国債だ。

この特例国債が一般的に「赤字国債」などと呼ばれてイメージを悪くしている。国債にはもうひとつ、「財政債」と呼ばれるものがあるが、財政債はBS上で資産に変わる公債だからまったく問題ない。

「建設国債」と「特例国債」は、国家運営に必要な「費用」を得るために発行されるものである。**「政府は借金をするな」つまり「国債を発行するな」とした場合、どうなるだろうか。政府の収入は税金だけになる。「足りなければ増税する以外になくなる」ということは明らかだろう。**

借金がダメならば、政府は増税をしてBSの右側を増やさずに、左側の資産を維持することになる。政府のBSをみれば明らかだが、政府の資産の多くは「有価証券」だ。「有価証券」は相手先法人への天下りの源泉になる。つまり、国民の税負担によって、「お金と権力の関係」を維持することになる。

「借金をするな。費用を支払うのも資産を得るのも税収だけを財源とせよ」と言うのは、「足りなければ好きなだけ増税せよ」と言うのと似たようなものである。政府にとって借金はあって当然で、なくては国家運営が成り立たない。もちろん、どの程度までの借金が許容範囲なのかという問題はあるが、それは、すでに政府のBSと日銀のBSで見た通り、今の日本政府の財務状況に問題はない。

もちろん国債は借金だから、期日までに必ず利息と元本を支払わなくてはいけない。「償還費には税金が使われるから、国債発行額が増えれば増税につながる」という批判をよく聞くが、これはミスリーディングである。国債の償還は、借り換え債で対応することが原則だ。

たとえば100万円の国債が償還期日を迎えたら、あらたに100万円の国債を発行して償還する。これを繰り返す。結果的に借金の残高は変わらないことになる。

政府の借金が一向に減っていかないのは、償還期日が来るたびに借り換えているからである。実質的に政府は借金を返していない。返していないところで税金が使われるはずはない。それでも、経済成長していけば、経済規模との関係でみれば実質的な借金残高は減少するので問題ない。

「頭金ゼロでマイホーム」を会計アタマで考える

本章の最後に、身近なマイホーム購入について「会計アタマ」を使ってみよう。

まずBSを頭に浮かべ、企業が自社ビルを建てる時のことを考えてみるといいだろう。

たとえば銀行に借金をして自社ビルを建てたとする。借金をして資産を得る時の鉄則は、「資産が生み出す収益」が「借金に対して支払う利息」を上回ることだ。

資産が生み出す収益とは、不動産で言えば賃料である。これが借金の利息を上回っている場合には、少なくとも銀行に対して利息を支払うことができる。

資産価値がちょっとでも下がると銀行の態度が怪しくなってくる。銀行は「貸付先の資産＝自分たちの取り分」と考えている。資産の価値が下がれば、銀行の取り分は減っていくことになる。

資産価値が下がるということは、その資産が生み出す収益も下がる、ということである。借金の利息すら払えないという状況になれば、銀行は「不動産を競売にかけましょう」などと言い出す。貸付先に資産を売却させて自分たちの取り分を確保しようとする。不動産を「担保にとる」とは、そういうことである。

もちろん自社ビルを自分で稼いだお金で買うのであれば問題はない。BSの「資産」の構成が、「現預金／3億円」から「現預金／5000万円」「建物及び建築物／5000万円」「土地／2億円」などといった具合に変わるだけだ。PLには、不動産から得る収益によって「営業外収益」が利益に上乗せされ、結果的に純資産は増えることになる。

不動産価格の3分の1程度は自己資本を準備し、残り3分の2程度を銀行から借りるというケースもある。この場合、仮に資産価格が3分の2まで下がっても、銀行は自分たちの取り分は確保できると考えるから騒がない。

仮に1億円の資本を投入し、2億円を銀行から借りて自社ビルを建てた場合、土地と建物をあわせた査定価格が2億円以下にならない限り銀行は文句を言わない。

ＢＳの右側「お金の出どころ」のうち、いくらを「借入金」として、いくらを「資本」にするか、という話だ。資本から出す額が大きいほど、もちろん問題発生のリスクは低くなる。

逆に言えば、**どれくらいの問題発生のリスクをとるのか検討せずに大きな買い物をするのは危険だ。**これがこのまま住宅ローンを組む時の考え方に当てはまる。

「頭金ゼロでマイホーム」という謳《うた》い文句をよく見かける。「価格を30年＝３６０ヶ月で割り算して少しずつ払っていくのは魅力的だ」などとつい思いがちである。

しかしこの場合、毎月の利息を滞ったり、資産価値が下がれば、せっかく手に入れたマイホームを失いかねない事態もありえる。

また、「頭金ゼロ」に魅力を感じる人は得てして「利息」を見過ごしがちだ。

頭金ゼロとは、土地と建物の全額の債務とそれに対する利息の債務を背負うということである。頭金を出せば、出した分だけ利息がかかる額が低くなるから支払う額は最終的に低くなる。

「今が買いどき」に心が動く。しかし一方、いくらそう言われようが、今まとまったお金がないのであれば見送って、頭金を貯めてからにするほうが安心であるのは当然だ。

会計的な思考が身につくと、こういったことが数字で明確に確認できるようになるし、進んで数字で確認するようになる。

もちろん、頭金ゼロでマイホームを購入しても構わないが、**リスクとは〝雰囲気〟ではなく〝数字〟**なのだ。

前項で、漠然と考えてきた「国の借金1000兆円」とは何かということをBSで確認した。

それと同じ思考方法は、ビジネスの場面だけでなく身近な生活にさえ有利に働くのである。

この章のまとめ

◆ 会計の知識は社会人にとって「知っていて当たり前の常識」だ

◆ 起業や住宅のローン購入など数学的思考は仕事や日常生活に役立つ

◆ とにかく「BS（バランスシート＝貸借対照表）」が読めるようになればOK！

◆ 企業の裏の顔まで知りたければ「PL（プロフィット・アンド・ロス・ステイトメント）＝損益計算書」で一目瞭然！

◆ 「資産」と「負債」のバランス、つまり「純資産で見る（ネットで見る）」クセをつける

第2章

〝需要〟と〝供給〟を正しく語る「経済アタマ」のつくり方

陰で絶対バカにされている、経済「用語」オンチ

たとえば、「牛丼チェーンの値下げ続きを見て、デフレ不況はまだ終わってないことを実感した」とか「マクロ経済的に考えれば、わが社の経営状態はそれほど悪くない」などと言っている人がいたとする。

あなたは、その人を笑うことができるだろうか。「なんとなく妙だ」ではなく、笑った理由を明解に説明することができるだろうか。できないとすれば、経済の話をするのはいったん控えたほうがいい。あなたが笑われている可能性があるからである。

あなたがビジネスマンであればあるほど由々しき事態だが、心配するには及ばない。文系が牛耳る世界では、周りはそうした人々ばかりだからだ。だから、経済とは何かということをきちんとおさえることができれば、頭一つか二つ、上に出ることができる。

難しい理論は必要ない。前章の会計のように基礎の基礎を知ればあなたの世界は変わる。まずは「経済とは何か」をシンプルに語れるようにしよう。

ひとことで言えば、経済とは「需要と供給」の話である。それだけだと考えてよい。そして、一般社会で知っておくべき経済を理解するには、一つの図を知っておくだけで事足りる。バッテン型をした「需要と供給の図」である（※**図表⑥**参照）。

「需要と供給の図」を見ると、「需要曲線」と「供給曲線」があるポイントで交わっている。この、交わっているポイントは何を表しているのか、そして図をどう読むの

図表⑥ 需要と供給の図

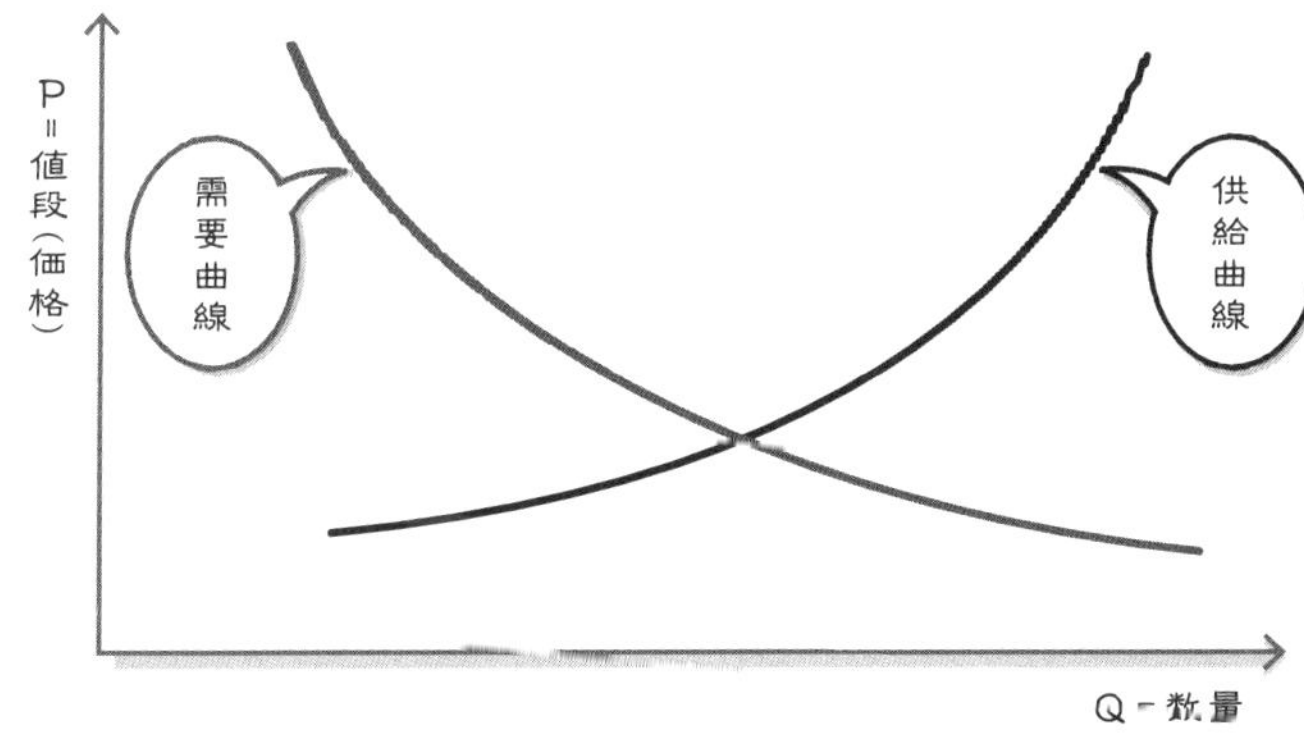

か、というのが経済の基礎である。

難しい理論をいくつも勉強するより、需要曲線と供給曲線の関係について「狭く深く」理解するほうが、はるかにメリットがある。

あらゆるモノには「市場」＝「モノが売り買いされる舞台」がある。消費者と生産者が、「いくらで売り買いするか」という意識を持って集まっている場所を「市場」という。

100人の消費者が、ある商品について「いくらで買うか」を考えているとする。1000円、2000円、3000円……と、値段の希望はさまざまだ。これを値段の高い順に並べると**図表⑦**のようになる。線は右下がりだ。なぜ右下がりかというと、消費者は「より安く買いたい」からである。「値段が安いほど、より多く買いたい」から右下がりだ。消費者側の説明をしているから、これは「需要＝Demand」を示している。

一方、その商品の生産者がいる。こちらは「いくらで売るか」と考えている。生産者の希望値段も、1万円、9000円、8000円……とさまざまである。これを値

図表⑦ 消費者の図（需要曲線）

参考例：100人の消費者がある商品について
「いくらで買うか」と考えている場合

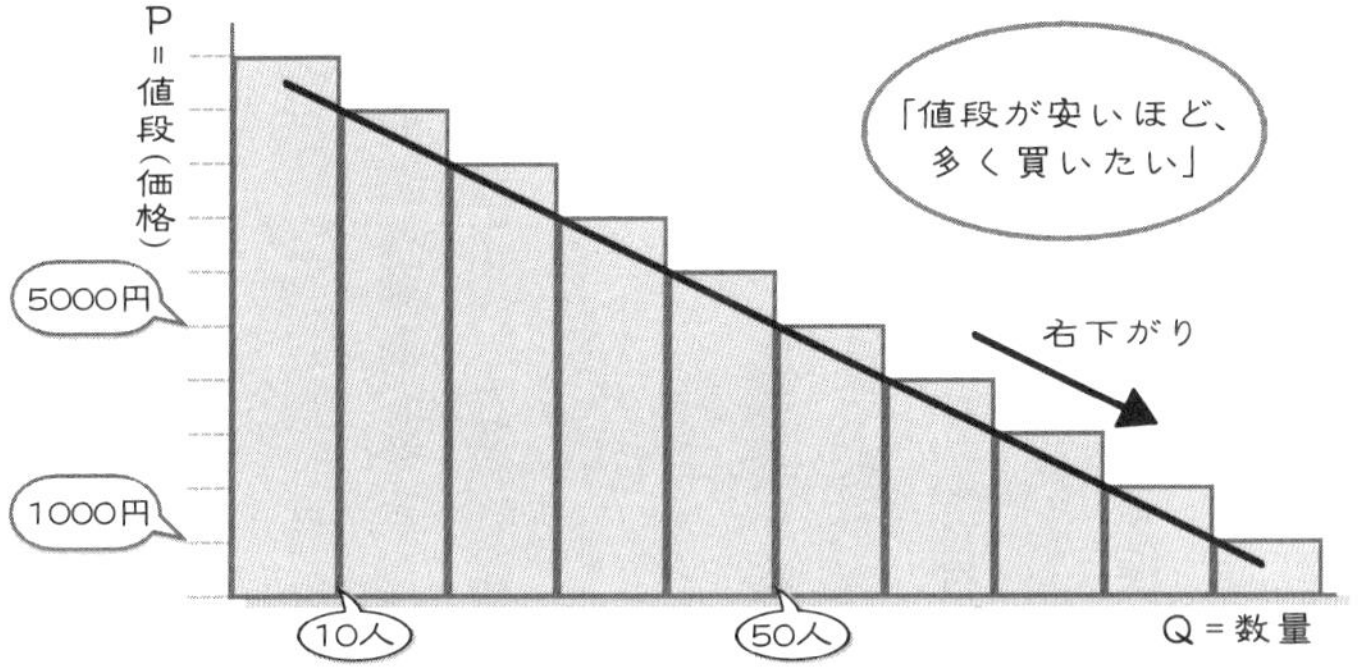

図表⑧ 生産者の図（供給曲線）

参考例：100人の生産者がある商品について
「いくらで売るか」と考えている場合

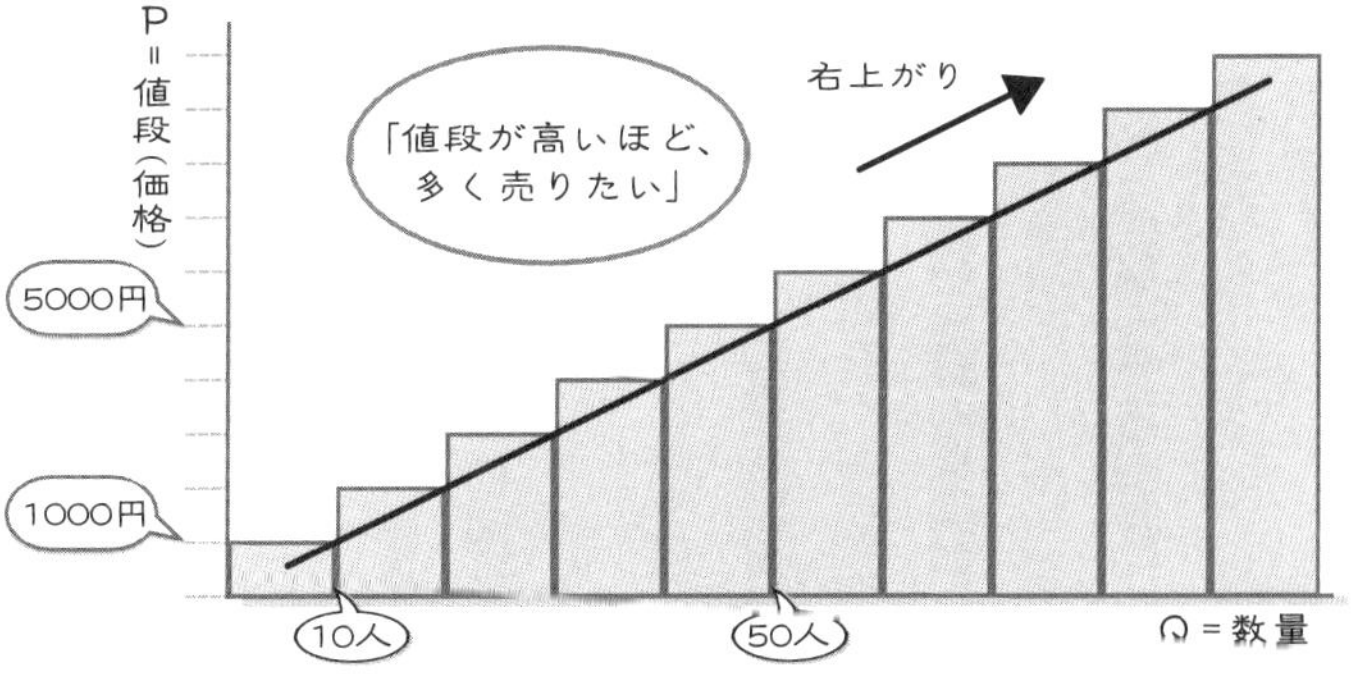

段の低い順に並べると**図表⑧**のようになる。線は右上がりだ。なぜ右上がりかというと、生産者は「より高く売りたい」からである。「値段が高いほど、より多く売りたい」から右上がりだ。生産者側の説明をしているから、これは「供給＝Supply」を示している。

そして、**図表⑦**と**図表⑧**を重ねると、先ほどの**図表⑥**のようにあるポイントでクロスする（＝売買成立）。これが、経済を知るための万能ツール「需要と供給の図」なのだ。

図の中のQ（数量／Quantity）は「売れる個数」という意味である。PはPrice（プライス）の略で「値段＝価格」だ。

買い手たち＝消費者にとっては、値段が低くなるほど買いたい個数（買う個数）が増える。

売り手たち＝生産者にとっては、値段が高くなるほど売りたい個数（売る個数）が増える。

「需要と供給の図」はこれを表し、すなわちこれが経済というものだ。

モノの「価格」はどうやって決まるのか

価格の決まり方を見る前段階として、「売買取引はどのような時に成立するものなのだろうか」ということを考えていこう。

消費者の「買いたい値段」と、生産者の「売りたい値段」が重なったところで両者のマッチングが起きれば、とうぜん売買取引は成立する。

しかし、マッチングはさまざまにある。

先の例で言えば、真っ先に取引成立ができるのは「1万円で買いたい人」と「10000円で売りたい人」である。1000円でいいよと言っているところに、1万円で買いますよと言っている人が現れるのだから当然だろう。

次に「9000円で買いたい人」と「2000円で売りたい人」、次は「8000円で買いたい人」と「3000円で売りたい人」といった具合に、両者の差額はだんんだん小さくなっていく。

やがて、消費者と生産者の希望がピッタリ合わさるポイントにたどりつく。それが、前項の**図表⑥**のクロスポイントである。これより先は、「より安く買いたい人」と「より高く売りたい人」がいるだけだから取引は成立しない。

肝心なのは、「市場とはモノの値段を一つに定める場所である」ということだ。実際には「1万円で買う人」と「1000円で売る人」、「8000円で買う人」と「3000円で売る人」といったバラバラの取引は成立しないのが市場というものである。

価格は、より多くの消費者と、より多くの生産者が納得できる価格に落ち着くことになる。その落ち着く地点を指しているのが、需要と供給が交わったポイントである。これが、「モノの価格はどうやって決まるのか」の答えだ。

さて、では、なぜモノの値段つまり価格は変動するのだろうか。昨日1000円だったものが今日はなぜ1100円になっているのか、といったことである。

まず、モノの値段は、「需要の変化」と「供給の変化」の2つの要因で変わるということをおさえておこう。

「需要の変化」とは何か。「ある特定のモノを買いたいという人が増えたか、減ったか」という話である。

「供給の変化」とは何か。「生産者がつくるモノの数が増えたか、減ったか」という話である。

雰囲気としてはなんとなくわかるだろう。欲しい人が増えれば値段が上がるし、巷に出回りすぎれば安売りが始まる、その感じはわかるはずだ。

これを**「感じ」ではなく、「需要曲線と供給曲線の移動」という観点で明確に考える**のが、物事を数量的にとらえるということであり、経済の基礎なのである。

「数量的に考える」とは具体的にどういうことか

価格変動について、「需要と供給の図」で説明しよう。

買いたい人が増えるということは、需要曲線が右にシフトする（※図表⑨参照）ということだ。「同じモノ」に対して「買いたい人が増える」ということを図に示せばそうなる。

需要曲線が右にシフトすると、供給曲線と交わるポイントは上方に移動することがわかるだろう。つまり、これが「モノの値段が上がる」ということだ。

買いたいという人が減れば、その逆となる。需要曲線は左にシフトする（※図表⑩参照）。

図表⑨「買いたい人が増えたとき」の需要曲線の変化

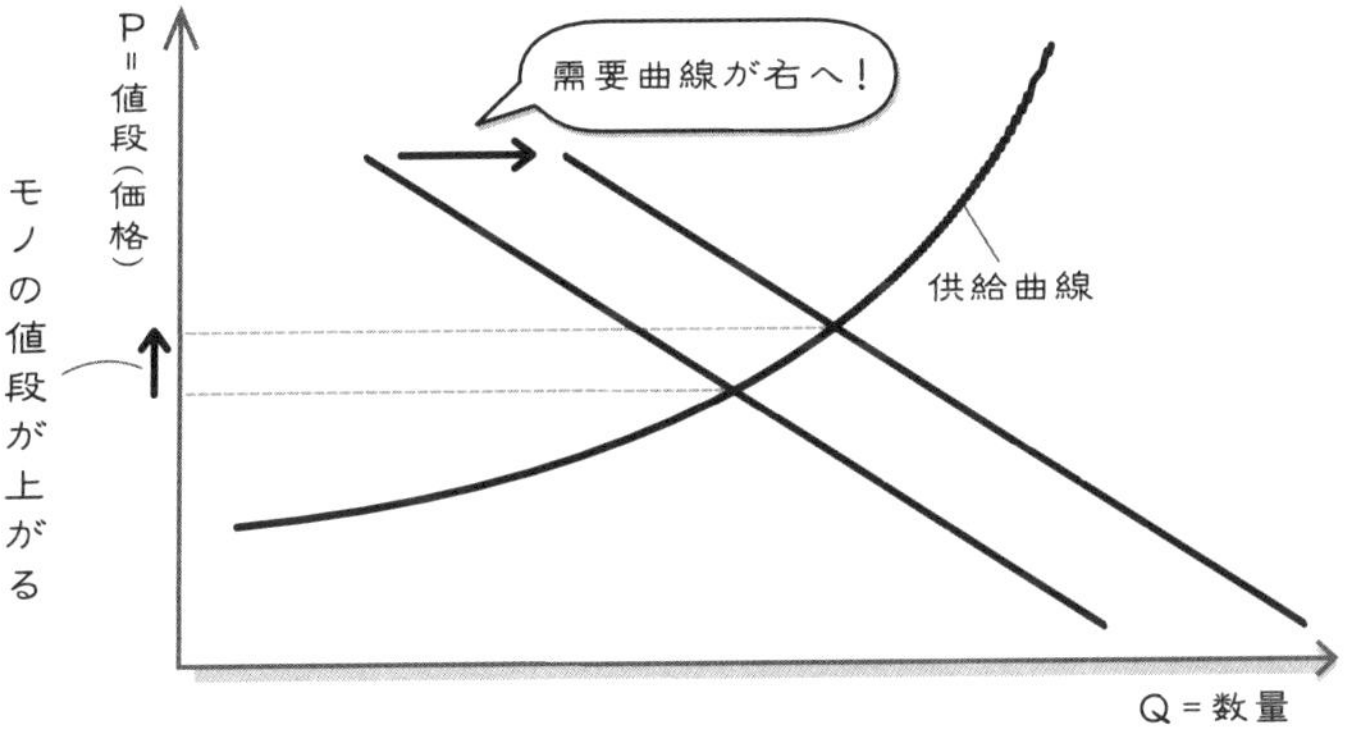

図表⑩「買いたい人が減ったとき」の需要曲線の変化

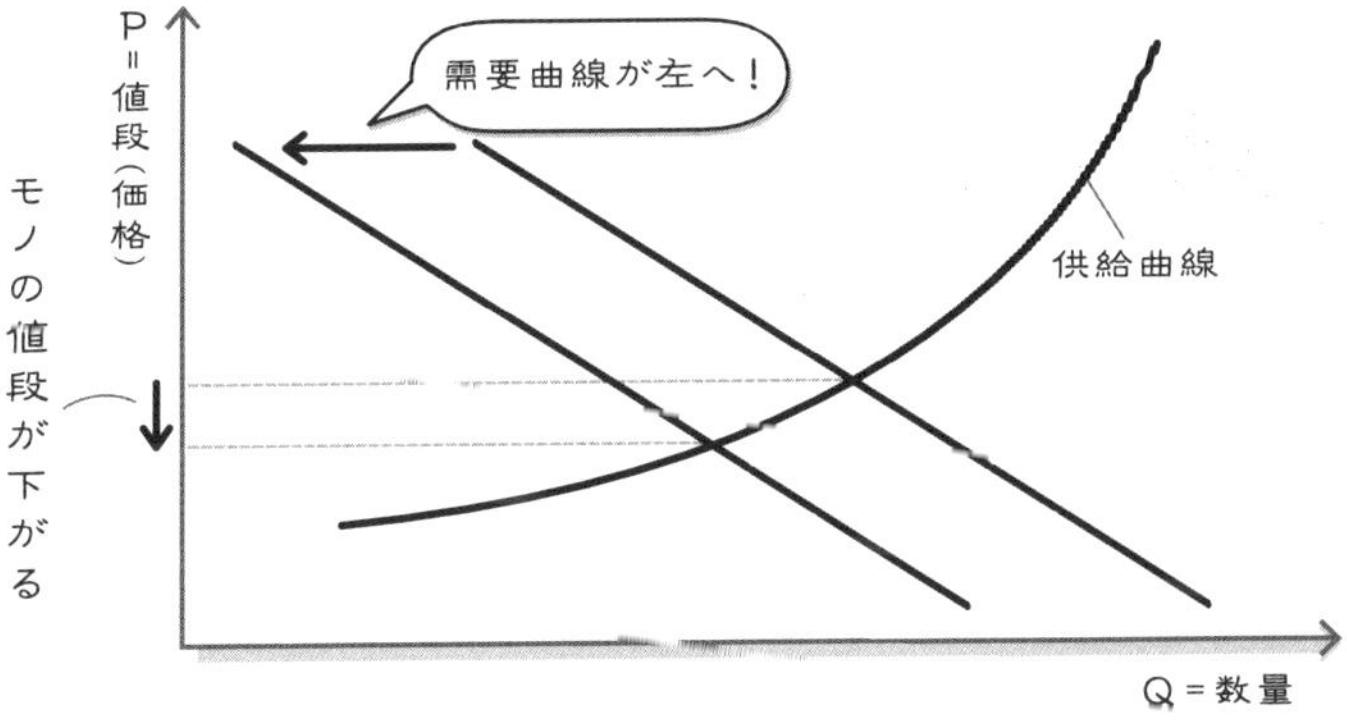

すると、供給曲線と交わるポイントは下方に移動する。これが「モノの値段が下がる」ということである。

同じように考えていこう。

生産量が増えるということは、供給曲線が右にシフトする（※**図表⑪**参照）ということだ。「同じ数の消費者」に対して「モノの数が増える」ということを示せばそうなる。

供給曲線が右にシフトすれば、需要曲線と交わるポイントは下方に移動することがわかるだろう。つまり、「モノの値段が下がる」のである。

生産量が減れば、その逆となる。供給曲線は左にシフトする（※**図表⑫**参照）。すると、需要曲線と交わるポイントは上方に移動する。「モノの値段が上がる」のである。

図表⑪「モノの数が増えたとき」の
供給曲線の変化

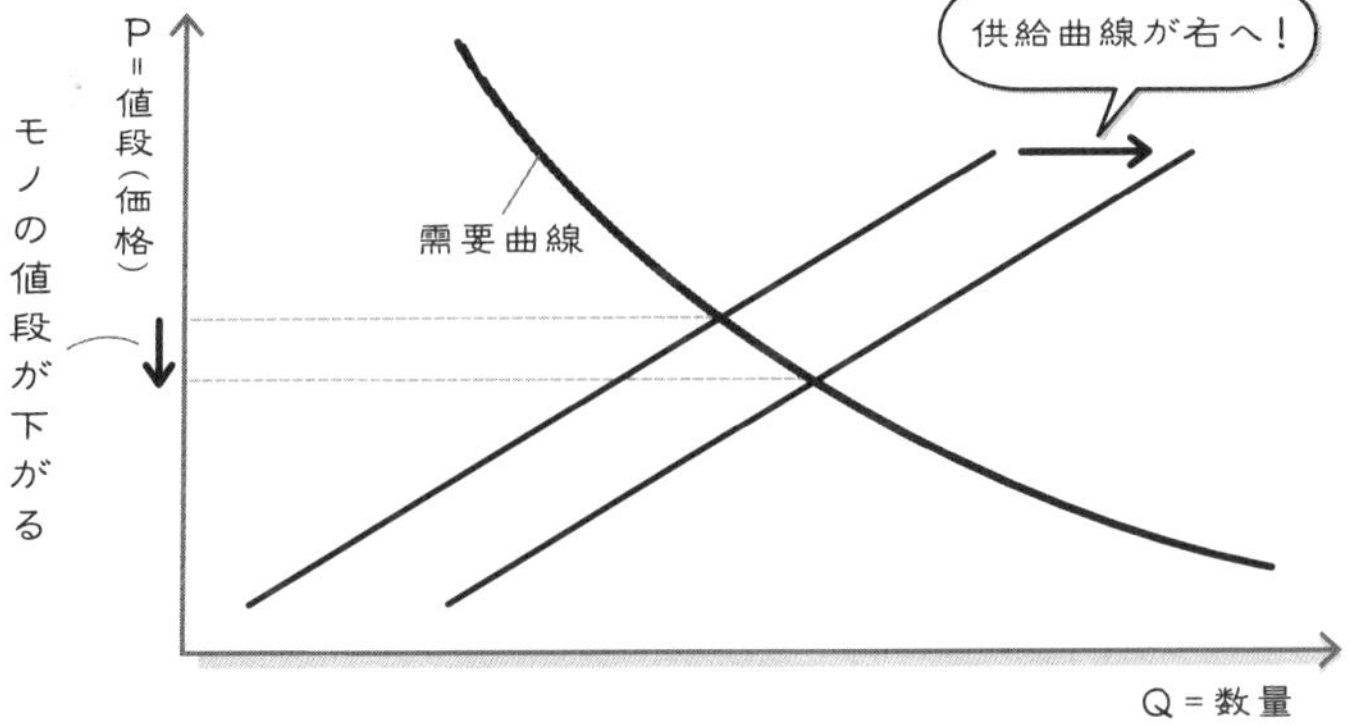

図表⑫「モノの数が減ったとき」の
供給曲線の変化

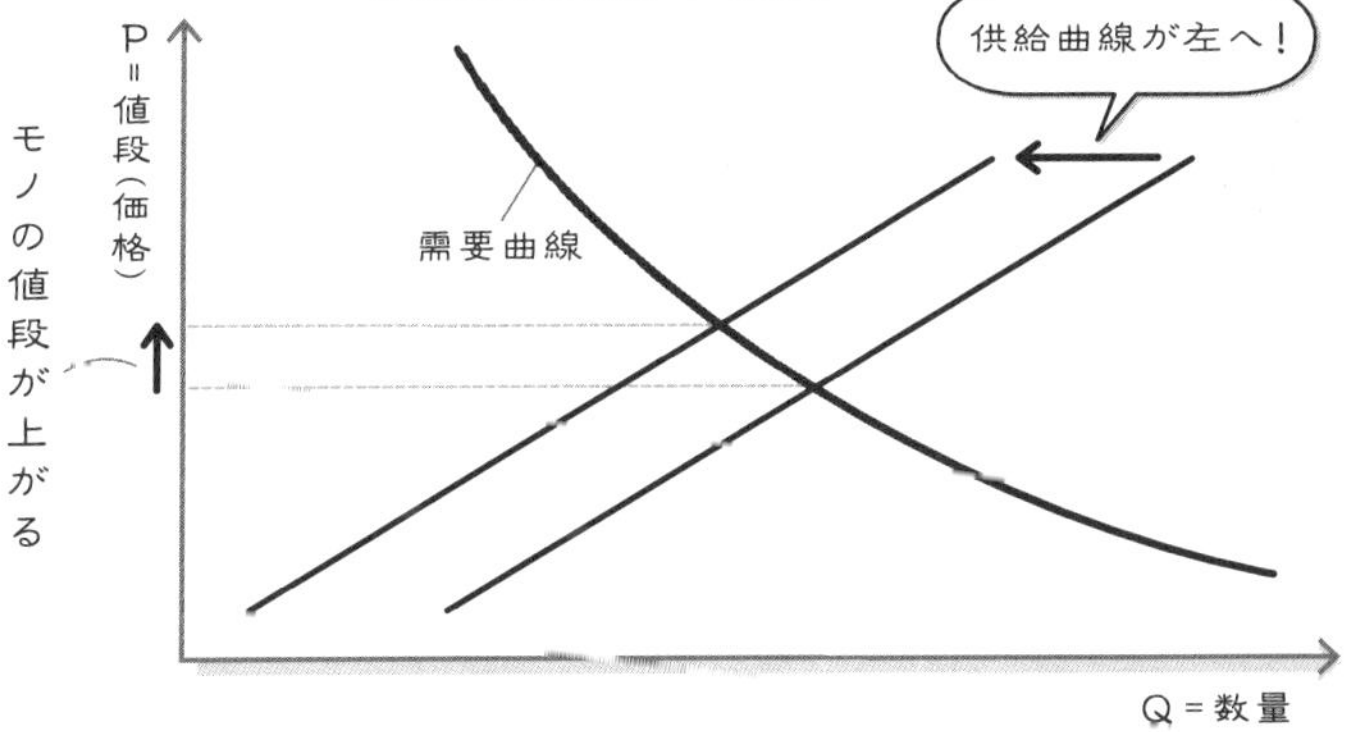

値段が上がるか下がるか、結果はどちらか一つでも、その起こり方には「需要の変化」によるものか、「供給の変化」によるものかの2つの可能性があるということだ。しかし実際には、どちらかだけが変化した、という極端なことはなく、需要曲線と供給曲線の両方が動いている。

価格変動は「需要が動く」と「供給が動く」という2つのメカニズムが働いて起こる。

ここで**大切なのは、ある商品の値段が上がったという現象一つについても、「それがどういう背景で起こったのか」を考えることだ。これが「経済を通じて世の中を読む」ということである。**

その商品の人気が高まっているのであれば、「これは需要曲線が右にシフトしたんだな」と想像する。数量的に考えるとはそういうことだ。人気の度合いから、「ますます値が上がるかもしれない」とか「このあたりで落ち着く」といった予測もできる。

人気が高まっているのに価格が一定に保たれる場合もある。需要曲線は右にシフトする一方、供給曲線も右にシフトしたということだ。数量的な思考方法は、まずその背景として、その商品をつくっている企業の大増産を考える。

値上げから、企業側の事情を推察することもできる。「原料不足で供給量が減った」「原料費の高騰で値上げを余儀なくされた」などである。

需要曲線と供給曲線によれば、商品に対する人気に変化がなければ値上げによって売れる量は減る。企業側は打撃を被るだろうと予測がつく。「安くて当たり前」の量販品や激安外食チェーンによくあるケースだ。

「値段が上がった、下がった」という現象を見て、「嫌だね、よかったね」などとだけ言うのはビジネスマンのやることではない。

目の前で起こっている価格変動は需要曲線がシフトした影響なのか、供給曲線がシフトした影響なのか、シフトの大きさはそれぞれどうなのか……。そう考えることが、「世の中の動きをより的確にとらえる」ということである。

「ミクロ経済」と「マクロ経済」を使い分ける

最近、「ミクロ経済」と「マクロ経済」という言葉を耳にする機会が多いのではないだろうか。辞書的にはミクロ（micro）は「微視的」、マクロ（macro）は「巨視的」という意味である。「あの評論家の言うことにはミクロ経済とマクロ経済とが混在していてお話にならない」などと使われたりする。

ミクロ経済学は、個人や一つの商品・会社・業界など個別の案件の経済について考える学問である。一方、社会全体の経済活動を考えるのがマクロ経済学だ。ピンと来なければ、次のように考えればわかりやすい。

「努力は報われる」とよく言われる。ミクロ経済学的に言えば、とてもいい格言である。しかしマクロ経済学的に言うと「努力は報われない」のである。

大学受験で考えてみる。個人は「努力は報われる」と信じて勉強する。努力しなければ合格しないのは事実だから、個人ベースで言えば「努力は報われる」は真実だ。しかし、全員が努力したらどうなるか。入学できる人数は決まっているから、全員が合格することはありえない。これがマクロ経済学的に考えるということだ。

つまり、「努力は報われない」のである。個人の動きと全体の動きは、いつもイコールであるとは限らない。そこで経済学ではミクロとマクロに分けて考える。

簡単に言えば、マクロ経済学は国の経済政策を考えるときに必要となる理論である。数学をベースに社会全体のお金の流れを考えるので抽象的で難しく、一般の人々にとっては「教養」の範疇《はんちゅう》だ。

アベノミクスといった経済政策がマスコミで話題になるので、マクロ経済という言葉を一般の人々も耳にするようになったのである。ざっくりと理解できていれば十分であろう。

まず、「ミクロ経済とは何か」というところから見ていこう。ミクロ経済で使う用語がわからないとマクロ経済はイメージしづらいからだ。

ミクロ経済を考えるとは、個々の商品（モノやサービス）、個々の消費者、という

図表⑬「生活必需品」の需要曲線

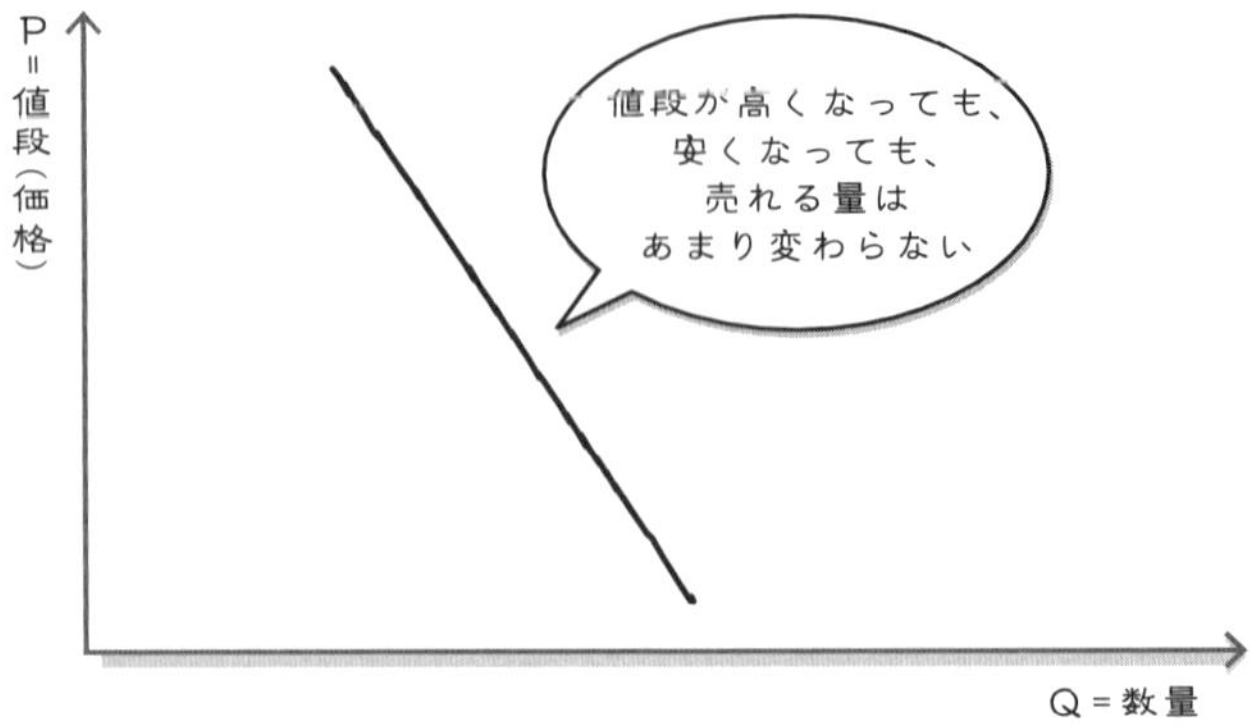

図表⑭「嗜好品や贅沢品」の需要曲線

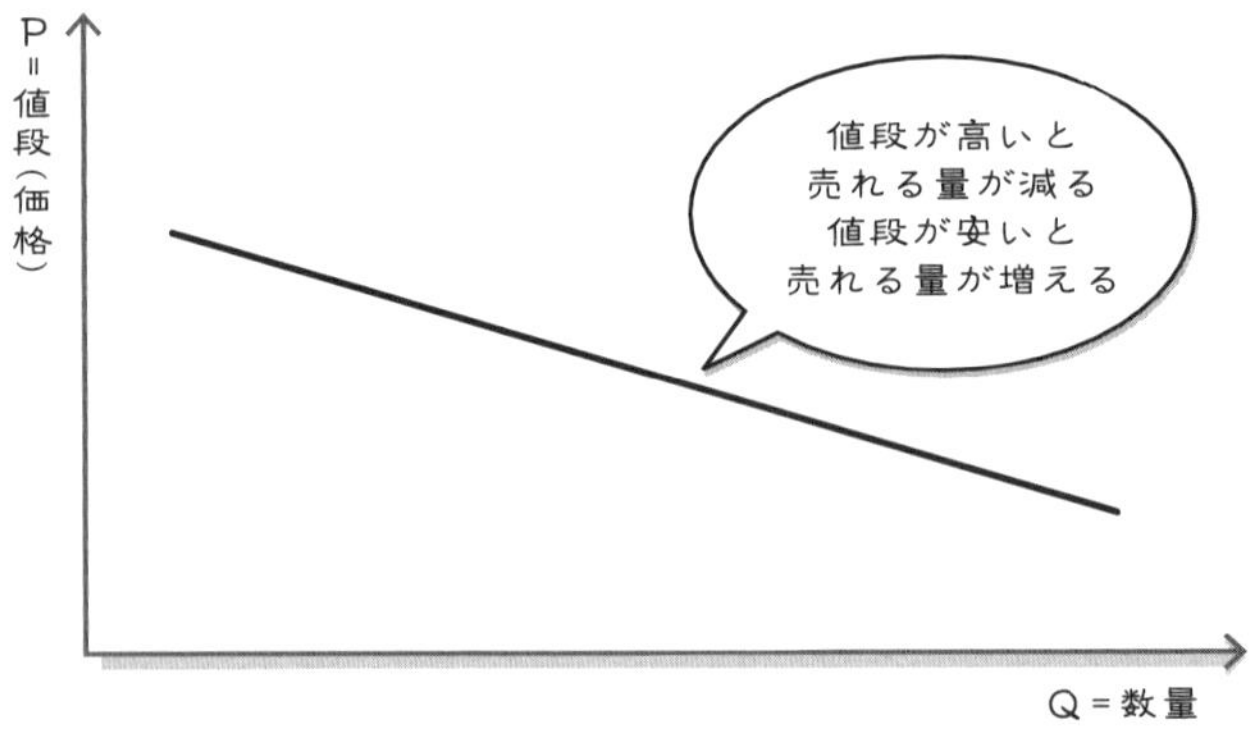

ように狭い範囲の経済活動を考えるということである。半径1メートル内といったイメージだ。価格についても「個々の商品」に焦点を当てていく。

価格は需要曲線と供給曲線のシフトで変動するとすでに説明したが、それぞれの曲線がどのような形をとっているかは、商品によって異なる。

中には、値段がいくらになろうとも需要量が変わらないもの、高かろうと安かろうと消費者が買わざるをえないという商品がある。「生活必需品」と呼ばれる商品だ。

生活必需品は、「売れる数が価格に影響されにくい」という意味で「価格弾力性が低い」と言い、需要曲線は垂直に近くなる（※図表⑬参照）。

一方、**嗜好品や贅沢品など、値段が上がれば急速に需要が下がるものがある。こういった商品は「売れる量が価格に影響されやすい」という意味で「価格弾力性が高い」と言い、需要曲線は水平に近くなる**（※図表⑭参照）。

需要曲線が垂直に近ければ価格が大きく変動しても売れる量はあまり変わらず、需要曲線が水平に近ければ価格の変動は売れる量を大きく左右する。

牛丼は値上げできないが、ラーメンは値上げできるワケ

牛丼チェーンは各店だいたい同じ値段である。どこかが値下げすれば、他チェーンも値下げの努力をする。お客さんが流れてしまうからである。

一方、人気のラーメン店はどうだろうか。「この店の味が好き」ということなら、多少値段が上がっても常連は通い続けるだろうという想像がつく。

これを先ほどの需要曲線で考えてみると、「牛丼チェーンの需要曲線は水平に近い右下がり。人気のラーメン店は垂直に近い右下がり」ということになる。

双方で、あるとき、「材料価格が上がって、値上げすべきかせぬべきか」ということになったとする。値段を上げれば、多かれ少なかれ販売量は減る。問題は、「販売量が減る分を値上げでおぎなえるか」ということになる。

売上とは「単価×販売量」のことである。店として行うべきは、「需要と供給の図」を描くことで算出できる「元の値段×その地点での販売量」と「値上げした値段×その地点での販売量」の差を分析するということだ。

牛丼チェーンは、需要曲線が水平に近い（**図表⑭**）。わずかな値上げでも売れる量が大きく減ってしまうことが予想できる。したがって牛丼チェーンは値上げができない。

人気のラーメン店は、需要曲線が垂直に近い（**図表⑬**）。値上げをしても、売れる量は牛丼チェーンほど大きく減らないと予想できる。

つまり、牛丼チェーンは材料費が下るのを待つしかない。しかし人気のラーメン店は、材料費上昇への対策として値上げという選択もアリだということになる。

「価格弾力性が高い」とは牛丼チェーンのようなことを言う。嗜好品・贅沢品と似た需要曲線を描く。「価格弾力性が低い」とは人気のラーメン店のようなことだ。生活必需品と似た需要曲線を描く。

このことだけでもだいぶ見方が変わるのではないだろうか。

経済学的に言えば、「牛丼チェーンの牛丼は贅沢品に似ている」のである。一般の感覚とは反対であろう。

ただし消費者の行動は全員一緒ではなく、〝絶対〟ということはない。牛丼チェーンにも「値段が上がっても行く」というファンはいるし、人気ラーメン店でも「値段が上がれば行かない」という常連客もいる。

したがって、牛丼チェーンの需要曲線は完全には水平にならないし、人気ラーメン店の需要曲線は完全に垂直にはならない。

価格変動の要因について先に、「需要曲線と供給曲線のどちらかだけが変化した、という極端なことはなく両方が動いている」と説明したが、実際問題としては需要曲線がシフトするケースのほうが多い。需要の変化は個人の趣味嗜好によるところが大きい。人の趣味嗜好はしょっちゅう変わる。

しかし供給のほうはと言えば、モノをつくるのは1年くらいでやめたりはしない。企業努力ということだ。たとえば原材料が確保できなければ確実に供給量が減ってしまうから、そういった開店休業状態にならないよう原材料の供給元を複数にするなどの対策をとる。

つまり、需要変化に比べると供給変化は安定していると言えるが、供給がまったく変化しないわけではない。原材料費が高騰して原価が上がり、値上げに踏み切る場合もある。

どんなきっかけで企業の生産量が大きく変わるかわからないから、「需要と供給は両方とも動く」という原則は崩さずに考えなければいけない。

世の中全体を相手にする「マクロ経済」

今まで述べてきた需要と供給の話は、専門的には「価格理論」と呼ばれる。ミクロ経済学の中核をなす理論だ。価格の仕組みを理解するのには、これ以外に必要ない。

ミクロ経済で需要と供給といった場合には、個々の商品の需要と供給である。これによって決まるのがモノの値段であり、これを「個別物価」と言う。

マクロ経済では、これがすべて世の中全体の話になる。マクロ経済で需要といった場合には、世の中全体のすべての需要を足した「総需要（Aggregate Demand／アグリゲイト・デマンド）」である。供給といった場合には、世の中の供給をすべて足した「総供給（Aggregate Supply／アグリゲイト・サプライ）」だ。

「総需要と総供給が世の中全体の物価を決める」というのがマクロ経済だ。世の中全体の物価のことを「一般物価」という。一般物価が上がりつづける現象をインフレーション、一般物価が下がり続ける現象をデフレーションという。インフレとデフレは、もちろんマクロ経済で使う言葉である。

ある商品の値下げだけに注目して「デフレだ」と騒ぐ人がよくいるが、個別物価と一般物価の変動は必ずしも一致しない。一般物価は、すべての個別物価の平均値のようなもので、特定の商品ひとつの動向でとらえられるものではない。

一般物価が下がれば同じように下がる個別物価もあるだろうが、ただこの章の冒頭でも触れたように、「牛丼チェーンの値下げ続きを見て、デフレ不況はまだ終わってないことを実感した」などと言うのは、個別物価と一般物価の違いがわかっていない恥ずかしい奴、ということになる。

個別物価が下がってもデフレとは言えず、個別物価が上がってもインフレとは言えない。インフレもデフレも、「総需要」と「総供給」によって決まる「一般物価」の話である。

マクロ経済における経済の基本「需要と供給の図」について説明しよう。

縦軸のＰ（price／プライス）は、ミクロでは価格だったものが「物価（一般物価）」になる。

横軸のＱ（Quantity／クォンティティ）は、ミクロでは数量（売れる個数）だった。それがマクロ経済では生産量つまり「実質ＧＤＰ（実質国内総生産）」となる。

実質ＧＤＰに対して「名目ＧＤＰ」という言葉を聞いたことがあるはずである。**ＧＤＰには、実質と名目の2つがある。**たとえば、昨年のＧＤＰが10億円で今年のＧＤＰが11億円だったとすると、単純計算で10％成長したことになる。これを「名目ＧＤＰ」成長率という。

しかし、その1年の間には物価が動いているから去年と今年との単純比較はできない。今年の1万円の価値は、去年の時点での1万円の価値とは同じではないのである。したがって「10％成長した」という名目ＧＤＰは、実態を表してはいないことになる。つまり「名目」だ。

物価変動分の調整を加えた成長率が「実質ＧＤＰ」成長率である。たとえば物価変動分が5％だとすれば、10％成長したという名目ＧＤＰは実質ＧＤＰ成長率では5％となる。

したがって今年の実質ＧＤＰは10億5０００万円だ、ということになる。物価変動を差し引くものを表しているので「実質」である。

国の経済政策とは、「インフレ」「デフレ」を操作すること

ある商品の価格が上がったとき、そこには需要曲線が右にシフトしたか、供給曲線が左にシフトしたかの２つの可能性があることはすでに説明した。マクロ経済における物価についても同じことが言える。

つまり、インフレには起こり方が２つある。総需要曲線が右にシフトしてインフレになる場合と、総供給曲線が左にシフトしてインフレになる場合だ。

総需要曲線が右にシフトして起こるインフレを「ディマンドプル（demand-pull）」という。ディマンドプルの場合には、Ｑ（生産量＝実質ＧＤＰ）も増える。いわゆる「好景気」の状態だ。消費者マインドが「もっと買いたい」に傾き、もっとモノが売れる、つまり消費者の財布の紐《ひも》がゆるくなったことがモノの売れ行きを引っ張る、プル（pull）しているということである。

総供給曲線が左にシフトして起こるインフレを「コストプッシュ（cost-push）」という。この場合、一般物価が上昇し続けているという現象は同じでも、Qは減る。これは供給するためのコストが上がることによって起こる総供給曲線の左へのシフトである。原材料費や輸送費などが上がっているのだ。費用に生産量が圧迫されているから「コストプッシュ」である。

コストプッシュは悪いインフレである。これを放置すると、国民は物価高に苦しみ、メーカーはコストが高い中で商品をつくっても売れない、という状況になる。

こうしたことにならないよう、**インフレに傾いたらデフレに、デフレに傾いたらインフレにして、ほどよいペースの経済成長を維持するのは国の仕事である。この仕事のことを「経済政策」という。**ちなみに、ミクロの「個別価格」について、国は原則として介入しない。この場合、「個別の品目について市場の競争に任せる」という言い方をする。

インフレあるいはデフレに傾きすぎて経済状況が悪くなった時、政府はさまざまな経済政策をとる。日銀が行うのが「金融政策」、政府自ら行うのが「財政政策」だ。

「金融政策」と「財政政策」は、ともにどちらも「総需要曲線、総供給曲線をどう動かすか」という話だ。右記でインフレになるメカニズムを説明したが、このメカニズムを基本にして、インフレ、デフレを操作していく。

「総供給量」は、世の中のあらゆるモノやサービスの供給量を指している。これは比較的、イメージしやすいだろう。対して、一般的に少々わかりにくいのが総需要かもしれない。総需要は、「消費＋投資＋政府需要＋輸出－輸入」と内訳されるのである。

総需要の中の「消費」とは、所得の中からモノやサービスを買うことを指す。「投資」とは所得から消費を引いた残りの貯蓄、つまり預金や株式投資などを指す。「政府需要」とは政府が行う公共投資などのことである。つまり政府もまた需要者であり、消費者のひとつなのだ。

そして「輸出」は、海外に製品を売ることであり、売れば所得になるのであるから総需要に足す。「輸入」は海外から製品を買うことであり、買えば所得から出ていくのであるから総需要から引くことになる。

総需要を増やすための方法として公共投資という方法や輸出を増やすための対策といったテクニックがあるのだな、ということがここからわかるだろう。

「デフレ不況」という言葉はナンセンス

マスコミでよく言われる「デフレ不況」という言葉は、経済オンチを端的に表している。デフレは物価が下がっていくこと、不況はGDPがマイナスになることで、まったく別の経済現象だ。デフレは「価格」の話であり、不況は「量」の話である。デフレの時に不況になるとは限らないし、不況の時には必ずデフレであるとも限らない。「デフレ不況」という言葉は無知から来ていて、定義があいまいだ。こんな言葉をつかっている限り、経済状況を正しく理解することはできない。

物価が下り続けるデフレの問題点は、雇用の喪失や設備投資減少を引き起こすことにある。雇用に関係する賃金と、設備投資に関係する金利には「下方硬直性」があるからだ。

労働者は生活がかかっているから賃金の引き下げに抵抗する。したがって一度上げた賃金を下げることは難しい。これを下方硬直性という。銀行の金利も同様である。銀行は預金者を減らしたくないから、預金者から利息を取るようなマイナス金利の状態にはならない。

下方硬直性があるから、一般物価が下がることに対して名目賃金や名目利子率は上手に対応できない。結果として実質値で見た時の比較として、おのずと賃金や利子率が高くなるということになる。こうして雇用の喪失や設備投資減少を引き起こしてしまう。

デフレに対して国は、総需要曲線を右にシフトさせ、インフレ傾向に向かわせる政策をとる。具体的にいえば、財政政策としては「減税」と「財政支出」、金融政策としては「金融緩和」を行う。

減税は当然「消費」に影響する。財布の紐がゆるくなる、ということだ。財政支出とは政府が公共投資などを行うことだから、前述した「政府需要」を上げる。

金融緩和とは、日銀が金利を下げたり、お金の量を増やしたりして「世の中に出回るお金の量を増やす」ことである。これはすなわち「投資」と「輸出入」に影響する。その効果はもちろん「消費」にも影響することになる。

「日銀が金利を下げれば民間の金利も下がり、企業や個人がお金を借りやすくなる。するど投資が増えることになる」ということだ。

また、日銀がお金を増やすということは、「円」の量を増やすということに他ならない。「以前と比べてドルより円が多い状態」となって円安になる。円安になると「輸出」の量が増え、輸入量は減る。金融緩和は、金利を通じて投資に、為替を通じて輸出入に影響するということになる。

つまり**財政政策と金融政策は、総需要の「消費」「投資」「政府需要」「輸出入」のひとつひとつに影響を及ぼして総需要曲線を右にシフトさせる政策である。**こうして物価も実質GDPも上がることになる。

景気が過熱して少々冷水を浴びせたほうがいいときはこの逆を行う。つまり、「増税」「財政緊縮」「金融緊縮」を行えば総需要曲線は左にシフトし、物価も実質GDPも下がる。

「需要曲線を右か左にシフトさせる」というコンセプトだけわかっていれば、いま政府が打ち出している経済政策が何を目的としたものかすぐにわかるのである。

逆に言えば、金融緩和をしている中で増税を行うなどは、政府として何がしたいのか到底理解できない、ということにもなる。論理的に批判するとは、こういうことだ。

「実質賃金が上がっていない！」という批判は間違い

マクロな受給曲線の知識があると、失業率を下げるための政策というものもわかってくる。マクロ経済政策で最優先されるのは「雇用」である。

雇用の問題は2点だ。「どれくらい給料がもらえるか」と「どれくらいの人が雇用されているか」である。

雇用問題を考える場合、「需要と供給の図」は、Pを「賃金」、Qを「雇用量」とする。賃金の額はピンきりだから需要曲線には右下がりの勾配がある。供給曲線はあるポイントで垂直になる。労働人口は一定だ。つまり、雇用の供給量には限度があるから垂直になる。

労働の需要が供給とぴったり一致している場合には、需要曲線と供給曲線は供給曲線が垂直になる地点で交わる。「失業者が一人もいない」という状態だ。

このポイントから労働の需要が高まり、需要曲線が右にシフトするほど賃金はうなぎのぼりとなる。

しかし、実際には、「需要曲線と供給曲線が供給曲線が垂直になる地点で交わる」というわけにはなかなかいかない。たいてい、需要曲線はもっと左のほうにあって、供給曲線が垂直になる地点との間に差が生じる。この差が「失業者の数」だ。

この状況の改善に必要なのも財政政策と金融政策である。

公共事業で政府需要が増せば、労働の需要曲線は右にシフトし、雇用量が増えて賃金も増える。金融緩和には金利を下げる作用がある。企業が銀行からお金を借りやすくなり、企業は借りたお金で設備投資を行う。

ここでも労働需要アップが見込め、労働の需要曲線を右にシフトすることができる。

2019年初頭、「実質賃金」という言葉が話題になった。「経済政策は成功していると政府は言うが、実質賃金が上がっていない、国民の生活は苦しいままだ」という批判である。

国民総所得を雇用者総数と物価指数で割ったものを「実質賃金」という。内閣府の国民経済計算（GDP統計）によれば、2017年の名目雇用者報酬は前年比1・6%増、実質雇用者報酬は1・2%増。18年はそれぞれ3・1%増、2・3%増である。

先に述べたメカニズムを基にした対策で、近年、雇用は改善されている。雇用量の伸びは2017年1・2%増、18年2・0%増である。したがって、17年の名目賃金は0・4%増、実質賃金は0%、18年は名目賃金1・1%増、実質賃金0・3%増となる。

名目賃金は順調に伸びているが実質賃金は伸び率が低く、厚生省の毎月勤労統計など統計によっては18年の実質賃金の伸び率がマイナスでも特に不思議ではない。

この数字の動きは「アベノミクス」と呼ばれる経済政策の正しさを示しているもので、批判に当たるようなものではない。先にも述べたように経済政策で最優先されるのは雇用であり、雇用は激増した。

しかし、この雇用拡大による新規雇用者の賃金は初めのうちは低いから、名目総所得は増えても平均的な名目賃金は上がらない。

これが「実質賃金が上がっていない！」という批判の正体である。分母が増えたから、平均として横ばい、あるいはマイナスに計算されもするだろうということだ。

２０１９年現在は、雇用が逼迫《ひっぱく》して一部の名目賃金が上がりだし、平均的な名目賃金も増加しつつあるという段階である。

実質賃金が上がるのは人手不足がさらに進んで経済成長が本格化する時だが、これまでの歴史から、完全にデフレを脱却してからでなければ実質賃金は上がらないだろうと考えられる。デフレ脱却が急務であろう。

「少子高齢化」(人口減少)は経済に大打撃を与える？

ここまでたびたび出てきているＧＤＰと人口の増減の関係について話しておこう。**人口減少を危機として考える議論は正しいのか**という話である。

２０１７年、厚生労働省の国立社会保障・人口問題研究所が「出生率が今と変わらない場合、今から約50年後の２０６５年には総人口が３割減の約８８００万人、２・５人に１人が高齢者になる」と発表した。これを受けて「少子化による人口減少は経済に多大な影響を与える、我々は貧しくなる」と騒ぐ声が大きい。

人口は出生率と死亡率で決まる。一般的に出生率といえば、人口統計上の指標である、１人の女性が出産可能とされる15歳から49歳までに産む子どもの数の平均（合計特殊出生率）のことを指し、先進国の出生率は低下傾向にある。厚生労働省の発表によれば、２０１７年の出生数は前年より３万人あまり少ない約94万人、合計特殊出生率は1・43と2年連続の低下で過去最低を更新した。

日本の人口が減少し続けないためには、最低でも1・8の出生率が必要だとされているが、これは、出産を希望する女性全員が出産できた場合に達成できる水準である。結論から言えば、**出生率は自然の摂理であって、1を割ることは珍しく、1・5くらいでも問題はない。**政府は目標として出生率1・8を掲げているが、本気で対策をとることはないだろうし、その必要もない。国民の幸せは人口の増加ではないからだ。追って説明していこう。


人口減少危機論とはつまり人口増加幸福論のことだが、これの議論を支持する声はおそらく地方公共団体、そしてマスコミのいわゆるコメンテーターだろう。

地域の人口が減れば、行政の規模の最適化、行政の効率化のために市町村合併が行われることになる。つまり、地方公務員のポストが減るのである。地方公務員の数はピークだった1994年の約328万人を境に減り続け、2017年には約274万人となっている。

一方、何でも人口減少が原因だと言っておけばそれで済むし、書いた本などが売れるのがコメンテーターだ。人口減少が原因だとしておけば、誰も傷つかないから気楽だ。人口減少自体、確かに起こっていることだから、同時に進行している社会問題と関係づけて説明することで、因果関係などないにもかかわらず危機を煽《あお》って一般の人々の興味を惹《ひ》くことができるのである。

もっと身近に問題を引き寄せてみよう。一般の人々は人口減少でどんな問題が起こると考えているだろうか。「国力が低下する」という言い方がある。この「国力」を国防や治安、防災機能などの「国防力」だと考えれば、若い人が減れば確かに何かしらの影響はあるかもしれない。「生産年齢人口が減れば生産力が落ちるから、国防力も落ちる」とは言えるだろう。したがって問題は、この「生産力」が人口減少によってどう影響されるのかという話である。

国力とはGDP（国内総生産）と大いに関係があると言っていい。GDPとは、わかりやすく簡単に言えば「みんなの平均給与×総人口」である。したがって、人口が減ればGDPも減るのは当たり前だ。

考えるべきなのは、「予想通り8800万人に人口が減るとすれば、GDPが実際にどれくらい減るのか」ということである。

日本に「外国人労働力」は必要ない⁉

予想通りに人口が減少した場合にGDPがどれだけ減るかは、物事を数量的に理解できなければ絶対に答えることはできない。世間の人口減少危機論者でも、ほとんどの場合、数量的に理解していない。

私は計算式を持っているから、結論を先に言ってしまおう。**厚生労働省の発表通り人口が8800万人に減少した場合、それがGDP成長率にもたらす影響は最大で0・7%だ。つまり、人口の増減はマクロ経済指標にはほとんど影響はない。人口の増減と一人あたりGDPの増減はほとんど関係ないのである。**

マクロ経済ではそうだが、ミクロ経済つまり民間企業の経済活動への影響はどうだろうか。結論から言えば、人口の増減はここでもほとんど関係しない。

たとえば出版業でいえば、人口が増えたからといって単純に読者が増えるわけではない。逆に読者が減っていく理由を、人口減少のせいにはできない。人口増加時代でも、読者に支持されずに倒産した出版社もあったはずだ。

人口減少時代でも、面白い本を出し続ければ、事業規模の縮小はあるかもしれないが、売上を伸ばすことはできるだろう。飲食業であれ製造業であれ、これはどんな業種においても言えることだ。

日本国内でシェア率100%という独占企業には多少の影響があるかもしれない。ただし、それもシェア率数%という、誤差と判断されていい範囲内だろう。日本の場合、全企業の99%が中小零細企業だから、ほとんど影響はない。

つまり、人口の増減が経済活動に影響するというのは単なる思い込みに過ぎない。特に身の回りの生活には全く影響はない。私がよく言う「人口を増やす理由がまったく思い当たらない」というのは、経済の基本からしてそうなのである。

確かに人口減少の局面では、人口構成の変化を要因として経済にマイナスに作用する「人口オーナス」によるGDPの押し下げ効果が指摘されている。オーナス（onus）とは負荷、重荷といった意味である。

しかし、これは回避できる問題である。たとえば、まだまだ働きたいという高齢者を積極的に登用すればいいし、人工知能（AI）で生産性を上げればいい。また、日本は今、空前の人手不足と言われ、2018年には改正入管法が成立して外国人労働者の問題が注目されている。

確かに労働力という意味では人手とのバランスは大事だが、日本は外国とは異なり、そうしなくても国として十分に成り立っている。人手不足の業種もまたＡＩ化が進んで補完されるだろうし、そのほうが労働力管理も楽である。外国人の流入によって予測される社会問題の大きさとの比較で考えるべきことだろう。

また、**人手不足は一般の人々にとって悪いことではない。すでに説明してきたように、賃金のアップは人手不足によって生まれるからである。いまは賃金アップの好機である。**

人口減少にはまた逆に、人口構成が経済にプラスに働く「人口ボーナス」の側面もある。この局面では、「労働節約的な技術進歩」つまり従来よりも少ない労働投入量で同一の生産水準を達成するための技術の向上や、「知識・技術集約的産業分野への移行」つまり知的生産による業務の割合が大きい産業へのスライドおよびその分野の発展が見込めるのである。経済成長への影響があるとしても、それは発想で克服することができるということだ。

この章のまとめ

◆「牛丼が値下げした、デフレが原因だ」……、そんな経済オンチはすぐバレる

◆「需要曲線」「供給曲線」のバッテン型の図で経済はすべて語れる

◆「マクロ経済」は国の経済政策に必要な理論。「ミクロ経済」は半径1メートルの身近なもの

◆デフレがダメなのは、雇用の喪失や設備投資減少を引き起こすから

◆「人口減少」にもメリットはある。安易に、外国人労働者を増やすべきではない

第3章

世の中の動きを正しくとらえる「統計アタマ」のつくり方

「プレゼン能力」をレベルアップする新しい視点

「統計」というものの目的は、大きく分けて2つある。

1つ目は「人々の経験を要約して、それによって人々がその本質を理解できるようにすること」。2つ目は「要約された事実に基づき、その他の状況、将来の状況においてどのような結果が得られるかを推計・予測すること」である。

さて、これは何かに似ていないだろうか。

自社商品を売り込む場合や企画を提案する場合のプレゼンテーションである。現在の問題点を明確化して解決策を提示する、というのがプレゼンテーションの基本だ。まさに統計の流れと一緒である。

流れは一緒だが、ここに、統計を知っていて数量的に物事を考えることのできる数学アタマとそうでないアタマとでは決定的に差が出る。

たとえばビジネスマンはよく「この事案に対する課題を上げると3つになります」とか「この事業の問題点をまとめると4つになります」といった言い方をする。この3つとか4つとかという数字が、なんとなくの雰囲気だけの数字になっていないか、という話だ。

統計の専門家は、「場合」というものを過不足なく準備することを大前提とする。こういう場合にはこうなる、ああいう場合にはこうなる、という「場合」だ。これを過不足なく準備することができなければ、統計学に用意された精緻な数理的技術も方法も間違った結果へ導くことにしか役に立たず、正しく「その他の状況、将来の状況においてどのような結果が得られるかを推計・予測すること」ができないからである。

プレゼンテーション用の書類を書くにあたって課題や問題点を整理する時、「過不足なく」という意識をどれだけ持っているだろうか。過不足なく、というのは、多くても少なくてもいけないという意味ではない。漏れている、抜けているというのは論外だとして、同じことを違うこととして扱っていないか、違うことを同じこととして扱っていないか、ということが重要なのだ。

たとえばここに、1から6までの数字が書かれたカードがある。全部で6枚だ。この中から3枚を選ぶ場合、選び方は何通りあるだろうか。ここで、順列組み合わせの公式は何だったっけ、などと考えた人は雰囲気でしか数字を扱えない人であると言っていい。

1—2—3、1—2—4、1—2—5、……と、なぜ、全部書きだしてみようとしないのか。答えは20通りだが、書き出してみれば、そのすっきりとした美しさに気づきもするだろう。

私は大学で数学を専攻したが、公式はほぼ覚えていない。どの方向へ向かえば答えが出るかがわかっていれば、公式など覚えていなくても実数を使って問題は解ける。

過不足なく考えるとは、こういう意識（数学アタマ）を持って考える、ということだ。**課題や問題点を明確にするとは、物事を数量的に考えるということ**なのである。

プレゼンテーションを受ける側は、多くの場合、プレゼンターの感性だとかセンスだとかに期待はしていない。論理に期待する。なぜなら、受けた人はさらに上の人間を説得しなければいけないからだ。

優れた論理かどうかは、過不足なく整理したものであるかどうかに尽きる。

「不正統計問題」は数字の専門家不足が原因!?

全数調査をしなくても、サンプルのデータだけで限りなく全数調査の結果に近い数値を割り出すことができる、その理論と技術が「統計学」である。身近なところでは視聴率の算出や、選挙結果速報に使う出口調査の分析に使われている。

少ない費用と少ない労力でほぼ正確な全体像がつかめるのが統計学の優れた実用性だが、「ほぼ正確」かどうかはサンプルの選び方による。視聴率にしても、サンプルが20代の若者に偏ったりすれば結果にも偏りができる。

これを「バイアスがかかっている」という。

統計学は、バイアスのかかっていないサンプリング調査を前提とする。バイアスがかかっているかどうかを判断したり、どうしたらバイアスがかからないかを研究するのも統計学の一種である。そして、そこに集められた数値の扱い、つまり統計的にデータを分析するには、統計学の専門的な知識が必要である。統計の専門家でなければ、正しい調査数値は得られないということだ。

数学が得意なら誰でも統計学ができるというわけではない。数学の専門家であっても、統計学は難しい。統計とはどういうものか知るためでさえ、どうしても数式が大前提になるからいわゆる文系の人々にはきつい話が多くなるが、こういうものだと飲み込んでいくうちにきっといいことがある。世の中を見る目が変わるということだ。

2019年初頭に、厚生労働省の不適切統計問題が注目された。毎月勤労統計調査において、従業員500名以上の大規模事業所は全数調査がルールなのに、2004年から、東京都内分を3分の1の抽出調査に切り替えていた。不適切などといった話ではなく明らかにルール違反で、統計法という法律の違反の可能性が高く、不適切という表現は途中から「不正」という言葉になった。

私は東大では数学を専攻した。卒業後は大蔵省に入省したが、文部省統計数理研究所入所の内々定をもらっていたくらいなので、統計は専門家である。不正統計問題が明らかになっていくにつれて私は、「この問題には、国の統計職員の人員・予算不足、各省庁ごとの縦割り文化に本質的な原因がある」とすぐにわかった。統計調査・作成を担当する人員と予算の不足が原因で起こったことだ。

もちろん、不正そのものは許されるものではない。しかし、**「データは21世紀の石油」などとは言われながら、その実、官僚の世界は数字の専門家の重要性がわからない文系の世界であり、そのために統計職員および統計作業が人員削減・費用削減の矛先になった**のである。

海外では官公庁も民間企業も、ともに統計専門家は高給取りになっている。しかし日本の政府では、統計専門家は主にノンキャリアで、出世しない地味なポストだ。

有用なデータが流通するためにはその品質が重要だ。国家統計はそのなかでも最高のものとされている。だから日本では「統計法」が定められていて、基幹統計として公的統計の基幹をなす重要性の高い統計を56個指定している。

基幹統計では、統計調査を受ける国民にも、統計報告を拒んだり虚偽の報告をすると罰則がかかる。基幹統計に従事する公務員にも、事実に反する行為や機密漏洩《ろうえい》を行った場合には罰則がある。統計はそれだけ重要な分野であり、特に国家の統計は罰則を伴う法律に守られているということも知っておこう。

「統計によれば」とはどういうことか

「統計によれば」という言い方はテレビなどでもよく聞くし、また、ビジネスの現場でもたびたび使われる。しかしそれが参考程度とすべき統計なのか、大いに頼って利用すべき統計なのかきちんと把握している人は少ない。

ビジネス上、「ここは統計をとって調査してみよう」ということになった時、どの程度の規模の統計が必要かわからずに、つまりコスト計算がちゃんとできないままに発注している会社は多いのではないか、という話でもある。

「統計とは何か」ということをほとんどの人は知らないから当たり前だ。基礎の基礎から説明していこう。

データが集まってきて、それらのデータを読み解こうと考える時の方法はいくつかある。最もポピュラーなものが「ヒストグラム（histogram）」、いわゆる「棒グラフ」だ。

ヒストグラムは、縦軸が「度数」、横軸が「階級値」を表す統計グラフである。集められたデータが全体的にどういった性質を持っているのか理解するために使う。

さて、「度数」および「階級値」とは何だろうか。

身長についてのヒストグラムをつくってみよう。4人の人間がいる。性別は考慮せず、純粋に身長のみのデータを確認し、1人目は166cm、2人目は173cm、3人目は175cm、4人目は162cmだったとする。

身長について、ある程度の範囲を区切る。データの最小値から最大値までが入る範囲を区切り、その範囲をより小さな範囲に区切る。

身長データの場合は、5cm単位の範囲で区切るとわかりやすいだろう。「161cm～165cm」「166cm～170cm」「171cm～175cm」「176cm～180cm」と区切る。これが「階級」だ。

「階級値」とは、この階級の代表となる数値のことである。一般的には真ん中の数値を選ぶことが多い。この場合、「163cm」「168cm」「173cm」「178cm」が「階級値」となる。

次に、それぞれの階級に誰があてはまるかを考える。

１６１㎝〜１６５㎝の階級には、１６２㎝の４人目が入る。１６６㎝〜１７０㎝には１６６㎝の１人目が入る。１７１㎝〜１７５㎝には１７３㎝の２人目と１７５㎝の３人目が入る。「１７６㎝〜１８０㎝」には該当者はなし。

これで、それぞれの階級に何人が入るかが判明した。１６１㎝〜１６５㎝の階級は１人、１６６㎝〜１７０㎝の階級は１人、１７１㎝〜１７５㎝の階級は２人、１７６㎝〜１８０㎝の階級は０人だ。この人数が「度数」である。

ヒストグラムを描くために必要となる要素はこれですべて判明したことになる。これを一覧にしたものを「度数分布表」という（※**図表⑮**参照）。ヒストグラムはこの表をもとに描かれる（※**図表⑯**参照）。

さて、この４人の身長のヒストグラムを見て不思議に思う人もいるだろう。たとえば、このヒストグラムでは、階級値１６３㎝の度数が1である。つまりこのヒストグラムからは、「身長１６３㎝の人が1人いる」というデータが読み取れる。

しかしもともとは、「１６１㎝〜１６５㎝」という階級に「身長１６２㎝の人が１人いる」ということだったはずだ。

図表⑮ 度数分布表

参考例：ある４人の身長

階級	階級値	度数
161cm～165cm	163cm	1
166cm～170cm	168cm	1
171cm～175cm	173cm	2
176cm～180cm	178cm	0

図表⑯ ヒストグラム

参考例：ある４人の身長

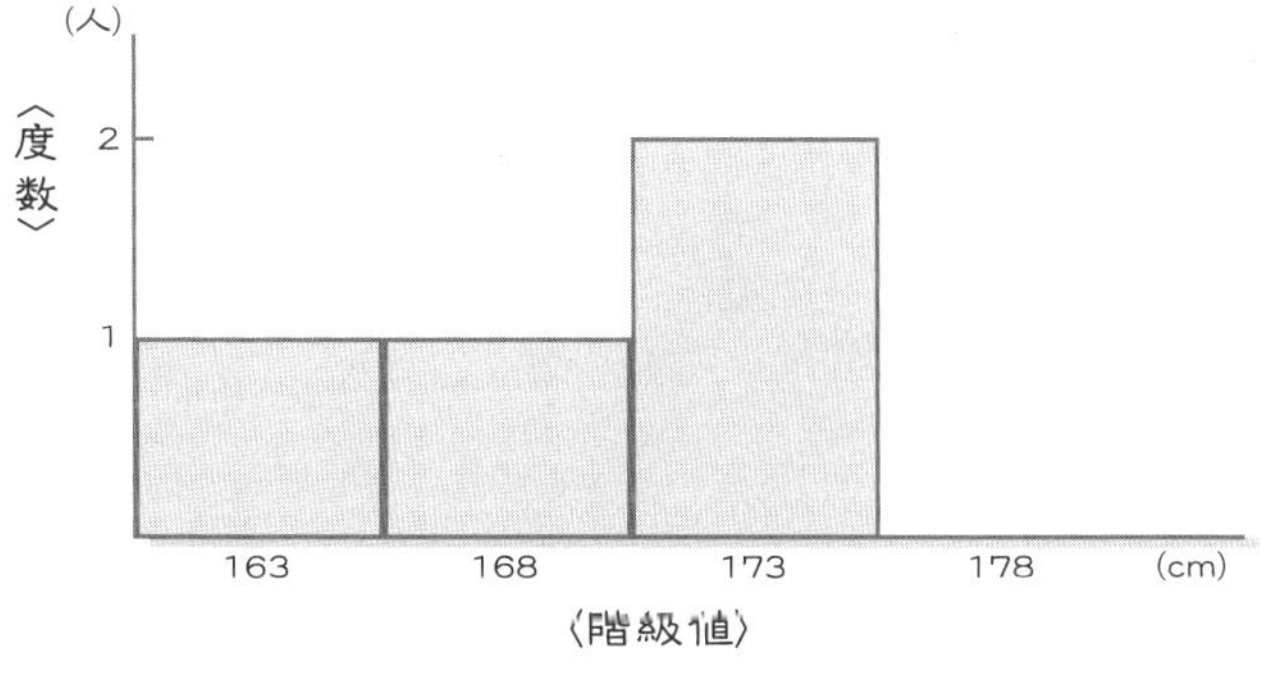

情報の正確さは若干薄まっていることになるが、統計学では、その誤差は分析上、支障がないと考える。また、実際にはたった4人分のデータでヒストグラムをつくることはない。

多少の誤差はあっても結果には大きく影響しないし、データ数が多ければなおさらその誤差は小さくなる。

統計学では、データをシンプルにわかりやすく整理して処理しやすくするために些《さ》細《さい》な誤差は見逃す。しかしこれは、「いい加減」ということではない。

「データを見る」とはどういうことか

ヒストグラムによって、集められたデータが全体的にどういった性質を持っているのかがつかめたところで、データをもっと細かく見る、ということになる。データを見るということは、データがどのような特徴を持つのかを把握する、ということだ。データの特徴をつかむためのポイントはいくつかある。その一つが「平均値」だ。平均体重や平均年収など世の中はやたらと〝平均〟を気にするようだが、その平均である。

データを合計して、それをデータの数で割ったものが平均値だ、ということはわかりやすい。

しかし、「実は統計学には、平均値ということに2つの考え方がある」と言ったら、どうだろう。何のことを言っているのか、想像がつくだろうか。

サイコロを30回ふって出た目の数字の平均値を出してみよう。

仮に、**図表⑰**のサイコロの出た目数およびヒストグラムになったとする。

出た目の平均値を出せと言われた場合、まずは、出た目に出た数をかけて足し、ふった回数30で割ることをまず考えるだろう。

「(1×2＋2×3＋3×9＋4×11＋5×3＋6×2)÷30」で、答えは「≒3・53」、このデータの平均値は3・53ということになる。

このように単にデータを合計してデータの数で割ったものは**「普通平均」**と呼ばれる。

しかし、このデータはもう一つ、別の見方をすることができるのである。

「1」の目は30回ふったうち2回出た、「2」の目は30回ふったうち3回出た、と

図表⑰ サイコロの出た目数とヒストグラム

参考例：サイコロを30回振った場合

出た目	目が出た回数
1	2
2	3
3	9
4	11
5	3
6	2

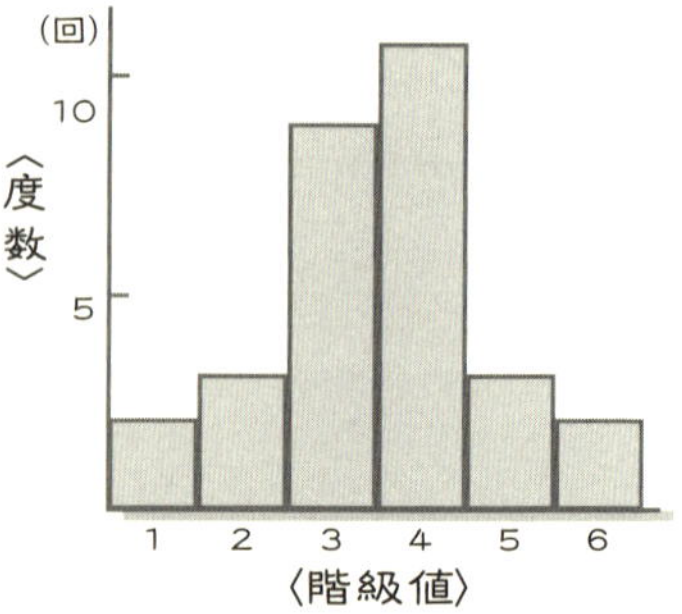

考えるのだ。つまり、「1×2/30＋2×3/30＋3×9/30＋4×11/30＋5×3/30＋6×2/30」と計算する。答えは「≒3・53」。求められる平均値は同じだ。しかし、考え方は違う。こちらは、階級値に対して、「階級値の度数が全体に占める割合」をかけることで平均値を出している。

この、割合を表す数のことを「相対度数」という。2／30、3／30、9／30、11／30、3／30、2／30が相対度数だ。相対度数をすべて足すと必ず「1」になる。

この方法で求める平均を**「加重平均」**といい、統計学でいう平均値とは一般的にはこれである。

なぜ普通平均ではなく加重平均なのか。算出される平均値は同じなのだからどちらでもいいではないか、と普通の人ならそう思うだろう。

平均値とは何かということを考えてみてほしい。「このデータのド真ん中はここです」というだけのことだ。

平均値を出したところで、データからどのようなことが読み取れるか、は見えてこない。そこで統計学は次に「分散」というものを考える。

「分散」とは、集めたデータがどの程度バラついているかを表す値だ。分散を考えた時に、加重平均であるということが意味を持ってくるのである。

図表⑰のヒストグラムを見てみよう。

すべてのデータが平均値に集まっているわけではない。そこで、各データが平均値からどれくらい小さいのか、あるいは大きいのか、書き出してみる。データから何が読み取れるか、という作業の始まりだ。

「階級値1→－2・53」「階級値2→－1・53」「階級値3→－0・53」「階級値4→0・47」「階級値5→1・47」「階級値6→2・47」となる。この、－2・53などの、データの数値と平均値との差を表す値を「偏差」という。

ただし、これは正確なバラツキを示しているわけではない。それぞれのデータには、次項で解説する度数の差がある。それを加味しないと、正確なバラツキというものは出ない。役に立つデータ分析ができなくなる、ということだ。

知っている人はなかなかいない「偏差値」の求め方

世の中のありさまや動きを数字で表して人々に伝えるのが統計だ。したがって最終的に、可能な限りわかりやすい数字に仕上げなければならない。

統計学はそのための数理的な方法論をたくさん持っている。

統計学は、一般に対してわかりやすい数字にするためにこそ複雑で高度な理論と技術を持っていて、だからこそ統計学は難しいのである。

たとえば、前項で**図表⑰**のヒストグラムの「偏差」というものを出した。統計ではこの次に、「これに度数の差を加味して正確なバラツキ＝分散を示したい」という段階に移るのだが、わかりやすい数字に仕上げていくという意味においても、ここで調整すべき問題が出てくる。

偏差がプラス・マイナスの表記になっていて、このまま計算を続けると両者が相殺

しあって値が小さくなりすぎてしまうのである。

そこで、偏差を二乗にしてから度数をかけて、その平均を計算するという方法をとる。

「$(-2.53)^2 \times 2 + (-1.53)^2 \times 3 + (-0.53)^2 \times 9 + (0.47)^2 \times 11 + (1.47)^2 \times 3 + (2.47)^2 \times 2$」を30で割る。答えは「＝1・4489」。

この「1・449」が、「分散」の値、つまりバラツキを表す値である。

そしてこれは、「$(-2.53)^2 \times 2/30 + (-1.53)^2 \times 3/30 + (-0.53)^2 \times 9/30 + (0.47)^2 \times 11/30 + (1.47)^2 \times 3/30 + (2.47)^2 \times 2/30 = 1.4489$」と書き換えられる。

これは実は、先の「加重平均」の方法にそっくりである。つまり、統計は「平均値の求め方を応用して多くのことを明らかにしている」ということがここからわかる。

分散は《「$(\text{偏差})^2 \times$相対度数」の和》と表されることになるのだが、統計の上級者は「$(\text{偏差})^2$」の部分を三乗や四乗に変えることで、統計学のさまざまな要素を求めていくのである。

ちなみに、統計の上級者が身につけている理論と方法はすでに述べた通りたいへん難しいが、分散の値をどう見るかということは比較的簡単だ。

「大きいほどデータにバラツキがあることを示し、小さければバラツキはあまりない」ということを示す。

さて、分散の値を出したところで、ここでまた新たな問題が出てくることになる。

今までのところは理論上、統計学的には問題ない。

しかし、数学的に考えるとちょっと問題がある。偏差を二乗してしまっているために、導き出される分散の値が大きすぎるものになってくるのだ。

そこで、大きくなりすぎた分散の値を元に戻すために、分散にルートをかけて導き出した値を使う、という方法をとる。これを「標準偏差」という。

統計学では、「S.D.」(Standard Deviation)と書き表される。標準偏差(S.D.)は、データが平均値からどのくらい散らばり、離れているのかをダイレクトに表した数値だ。

受験経験者なら誰でも「偏差値」というものに一喜一憂した経験があるだろう。この偏差値こそ、「標準偏差」があって初めて出される値だ。「取った点数－平均点」÷「S.D.×1/10」に50を足したものが偏差値である。

なぜ標準偏差（S.D.）を1／10にするのかといえば、標準偏差そのままの値で計算してしまうと数が小さくなりすぎてわかりづらいからだ。なぜ50を足すのかといえば、数字のキリがいいからである。

実際に試しの数字を入れて計算してみるとわかるが、たいへん成績が良い場合の偏差値は80とか90の値になる。満点は100点だという一般的な意識に合わせ、わかりやすい数字に仕上げる工夫がなされているのである。

不揃いな世の中をシンプルにまとめて考える技術

収集したデータというものは、ほとんどの場合、まちまちであるだけだ。この状況を「データが分布している」と言う。データの分布のあり方を分析して理解するために、前項までに説明した平均値や標準偏差が必要になるというわけだ。

そして、分布の中には、そのあり方としてポピュラーな分布というものがある。「正規分布」と呼ばれる分布だ（※**図表⑱**参照）。

「正規分布」のデータをグラフにすると、左右対称な山のような図形を描く。平均値とグラフの頂点はほぼ一致し、この頂点のことを「中央値」という。

グラフは、中央値が最も高く、そこから左右の両側になだらかな曲線を描きながら下に降りていく。どのような曲線を描くかを決めるのは、前項で出てきた標準偏差の数値だ。

社会や自然界で観測されるデータは、よくこの分布となる。要素がいくつも絡み合ったり偶然性が高い現象のデータは正規分布になりやすい。

たとえば身長は、遺伝や育った環境、食生活、スポーツ経験など多くの要因が絡み合うので、正規分布になりやすい。

正規分布にならない典型的な例が「所得」だ。所得は偶然性が低く、一度所得が上がるとさらに上がる傾向がある。逆に所得の低い人がより高い所得を得るのはたいへんだ。

したがって所得の分布をグラフにすると、中央値が左に大きくずれる。平均値と

図表⑱ 正規分布曲線

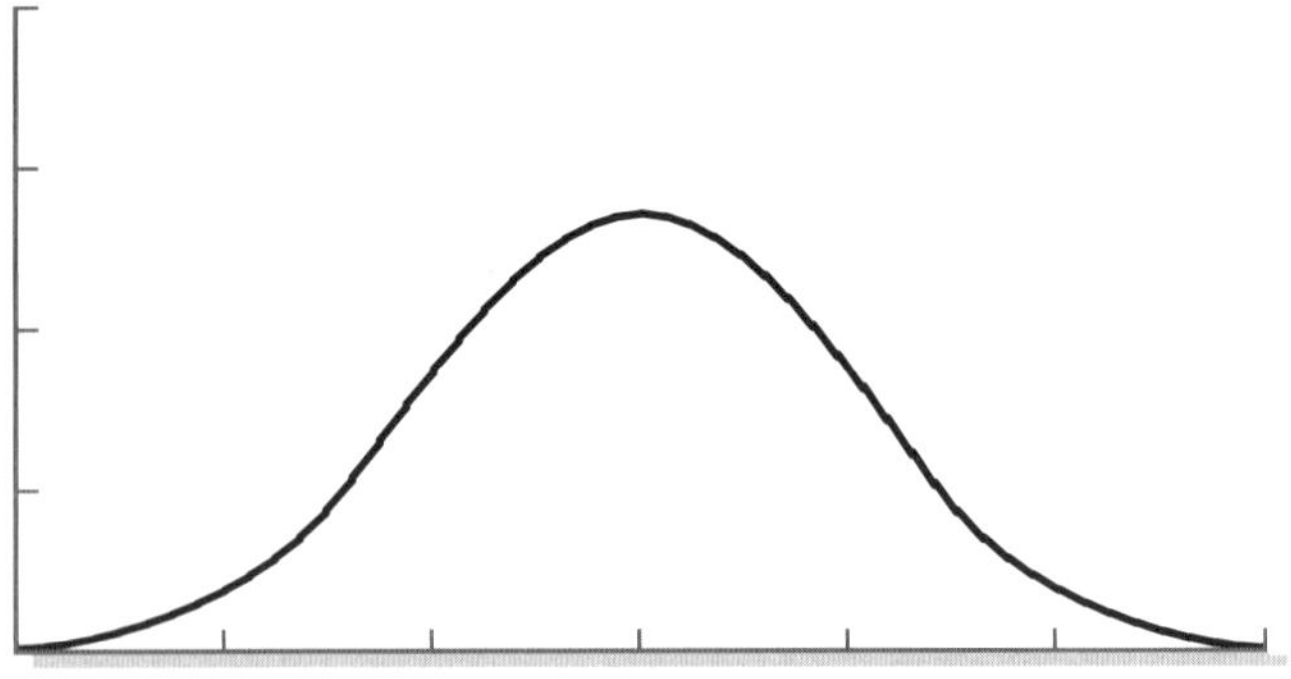

も一致しないことになるから正規分布にならない。

正規分布は「分布の王様」と呼ばれる。その意味は、統計にとってたいへん便利でありがたい分布、ということだ。データがどのような平均値、どのような標準偏差の値の場合でも、それが正規分布ならば、すべて同じく次の性質を持つ。

平均±標準偏差1個分の範囲に、全体の約68%が含まれる
平均±標準偏差2個分の範囲に、全体の約95%が含まれる
平均±標準偏差3個分の範囲に、全体の約99%が含まれる

つまり何か計画があったとして、「ほぼ全体をカバーしたいのなら、平均から標準偏差3個分の範囲となるようにすればいいのだな」という具合に指針がつかみやすくなるということだ。

なぜ正規分布がこのような性質を持つのかについては、かなりの程度まで証明しつくされているので疑う必要はない。

正規分布のもろもろの数学的性質は、19世紀ドイツの数学者ガウスが証明した。ガウスは数論、解析学その他数学の重要な分野のみならず、物理学や天文学でも画期的な業績を上げ、史上最高の天才と称される。彼の肖像画と正規分布曲線はドイツマルク紙幣に印刷されていたほどだ。

正規分布のうち、「平均値＝0、標準偏差（S.D.）＝1」という特徴を持つものを「標準正規分布」という。相対度数がすでに0・01きざみで計算された「標準正規分布表」をつくると、グラフ内の面積は常に1。つまり、データの分布が標準正規分布であるならば、標準正規分布表にあてはめるだけで分析に必要な値がすぐに出てしまう、ということなのだ。これもまた、どうしてこうなるのかは考えるだけ無駄だ。高校レベルの数学でも理解するのは難しい。

ただし、標準正規分布になるような、そんな都合の良い現象などめったに世の中にあるものではない。ならば表があっても役に立たないではないかと思われるかもしれない。

しかし、そうではないところが統計学のすごいところである。次項で説明するように、標準正規分布に変換するための理論と技術がちゃんとあるのだ。

高度に理論化されている統計学

標準正規分布という非常に便利な分布を、〝世の中〟というものに役立たせるための手順を、統計学はちゃんと持っている。「正規化」と呼ばれている手順だ。**正規分布であることがわかっているデータを「正規化」することで、標準正規分布が役に立つようになる。**つまり、標準正規分布表を利用できるようになる。実は、これこそが統計学の初歩かつ基本である。

正規化とは、「データXが正規分布であるとき、Y＝X－Xの平均値／XのS.D.」という計算を行って、XをYに変換する、ということだ。このYの値が「使い手がある」のである。なぜこれが「正規化」なのか、を理解するためには並大抵ではない数学の知識が必要だ。それよりも、なぜ正規化する必要があるのか、が大事だ。

いくつかのデータの集まりがあるとする。それらがすべて左右対称な山型の正規分布だったとしても、それぞれの平均値や標準偏差は異なるから、描かれるグラフの形には違いが生じる。しかし、どのようなデータであっても、それが正規分布である限りは「正規化」することで、「平均値＝0、標準偏差（S.D.）＝1」という特徴を持つデータ、つまり標準正規分布の特徴と合致するデータへと変換されるのである。

これで、標準正規分布表が使えるようになる。

さて、標準正規分布に変換できるのは「正規分布であることがわかっているデータ」である。データが正規分布かどうかどうやって知るのか、という疑問を持つ人は多いだろう。実は、データを分析するとき、「では、これが正規分布になるかどうか確かめよう」という作業にはならない。正規分布になるかどうか確かめることは非常に難しい。身長など、正規分布かどうかあらかじめ明らかになっている場合はよいが、わからない場合には「おそらくは正規分布だ」と仮定してから分析を始めるのだ。

ただし、さまざまな要因が重なり、偶然性の高い現象、つまり正規分布になる条件というのは他の分布にはないから、正規分布かそうでないかの仮定は立てやすいのである。逆に言えば、これは正規分布ではないという仮定も立てやすい。

正規分布とはならないと予想がつく場合、統計学のプロはさらに極めて専門的な、分布を前提としない統計学を実践することになる。

数量的な思考回路に慣れると説得力に差が出てくる

ここまでに述べてきたことは、統計学ならびに、その理論と技術から導き出されてる統計とはどういうものか、についてのほんのとば口のとば口だ。しかし、ここまでのことだけでも、統計がどれだけ高度な数学理論に裏付けられているものか、ということがおわかりいただけたのではないだろうか。

日頃の生活の中でも統計および統計で明らかにされた数字を目にする機会は多いはずである。統計は、ビジネスの作戦を立てる場面でも、また、国の政策の場面でも、その判断の要素として非常によく使われる。

統計学の基礎の基礎としてもうひとつ、**「二項分布」**と呼ばれる確率分布があるが、その詳細については本書では省こう。

「成功したい気持ちはわかるけれども、どの程度を成功だと考えていて、それを実現できる確率はどのくらいなのか?」といったことを数字で明確に示すことができるのが二項分布である。

こうした質問に対して数量的にはっきりと答えていこうとする思考回路があるかないかで、たとえば企画提案などの際も説得力がかなり違ってくることは間違いない。

さらには**「中心極限定理」**も知っておこう。

たとえば**サイコロを振るという行動を考えた場合、サイコロが欠けることも歪むこともないまま振り続けると1の目が出る確率は限りなく6分の1に近くなっていく、ということを証明したものが中心極限定理だ。**「二項分布」という確率を扱う分布では、試行の回数を増やせば増やすほど、分析に便利な正規分布として扱っても問題なくなっていく、ということを証明している定理でもある。

試行の回数を増やせば増やすほどというが、どこまで増やせばいいのか、そこを疑問に思う人は多いだろう。一般的には、「コインを投げて裏表」といったような比較的分布が小さくなるものであれば、30回くらい繰り返せば問題ないとされている。

「その程度の回数で大丈夫なのか?」と思ったならば、まだ統計学的感覚が身についていないということだ。実際に数字を扱って統計学的な感覚に慣れると「なるほど、そのくらいだろう」と納得できるようになる。これは、「見ているつもりで見えていなかったものに気がつく」ということでもある。

繰り返しになるが、統計学はきわめて難しい。ここまで述べてきたことは基礎の基礎の基礎だが、数式が前提となるので、やはり理解は難しいだろう。しかし、統計とはどういうものか、かなりわかってきたはずだ。統計学の専門家はそういう目で世の中を見ているのだな、ということを知っただけでも大きな収穫だろう。

仕事などでデータを前にした時、たとえば分散という専門用語を使う必要はないし、求める公式を覚えている必要もない。「平均から離れたデータがたくさんあると、データは大きくばらつく」ということを知っていて「バラツキを考える時の必要要素はデータと平均との差である」ということに気づいていれば、それを求めるという方向にちゃんと導かれる。データを基にした上での意見や質問も的確になり、課題に対する解決策もまた、格段に論理的なものになる。

この章のまとめ

◆統計とは何かを知ると、企画提案の説得力が増す

◆わかりやすい数字に仕上げるために統計は高度な理論を持っている

◆統計学は専門家の分野であってきわめて難しい、は大前提

◆「データを見る」とは、データが持つ特徴を把握すること

◆目的を明確に、実数で考えていくクセをつける

第4章

安全保障を冷静に正しく考える「確率アタマ」のつくり方

「リスク」という言葉を正しく使えない人々

「リスク（risk）」はビジネスの現場でも特によく使われる言葉のひとつだ。「リスクを考えれば、こちらの案が正しい選択だ」とか「今回の人事はリスクがありすぎる」とかといった具合に使われる。リスクという言葉がとにかく好きでむやみやたらに使いたがる人が、おそらく周囲にひとりくらいはいるだろう。

ただし、リスクという言葉を正しく理解した上で使っている人は、特に文系の人ばかりが集まっている世界には「ほとんどいない」と言っていい。

単に雰囲気だけで、危ないから気をつけて、といったようなふわっとした意味で使っている人が多い。確かに辞書的にリスク（risk）には危険そのものの意味もあるが、ならば、「危険だ」と言えばいいだけの話だ。そう言わずに「リスクを考えれば」とか「リスクがありすぎる」といった言い方をする人は、そこに何か「可能性」といったニュアンスを込めたいのだろう。「危険ではないかもしれない」という言い訳もしておきたいのである。

ここにそもそも誤謬《ごびゅう》がある。リスクとは、「危険の可能性」とか「失敗の可能性」という意味ではない。だいいち、リスクという言葉は単なる可能性を扱っているのではない。**リスクとは、確率計算がしっかりとしてある可能性のことを言う。つまり、確率の数値を必ずともなう言葉がリスクである。さらに言えば、本来リスクに「危険か安全か」「良いか悪いか」といった価値的な意味はない。**

これは、米国経済学者のフランク・ナイトがいった、リスク（risk）の定義だ。確率計算ができないものは、不確実性（uncertainty）という。

「リスクがある」と言った場合には、実際には尋ねられないとしても「では、その確率は？」という質問が必ずともなうことを知っておいたほうがいい。この意識があれば、ビジネス上においても意見の精度が高まる。会議も論理的に進行していくだろう。

2016年に施行されたいわゆる安保法制について国会では、「集団的自衛権は他国からの侵略のリスクを減らす」、「集団的自衛権の行使で自衛隊のリスクが高まる」

といった議論が盛んに交わされた。リスクという言葉を使っているのだから、これは「確率論」の議論である。しかし、議員のほとんどは確率というものがわかっていないために話がかみ合わず、建設的な議論にはならなかった。

後の項で説明するが、「戦争に巻き込まれる・巻き込まれない」「戦争になる・ならない」という問題は確率の問題である。愛と平和だとか、戦争は悲惨だとか、人命は尊いだとか訴えたり主張したりすることが、戦争を止めることになるわけではない。

戦争を抑止する要素にはいくつかあり、それぞれについての「戦争になる・ならない」の確率を考えて国家が動くことが、戦争を止めるということのリアリティなのだ。

前章で、経験を要約して、それを元に将来を推測するためにあるものが「統計」だと説明した。「将来を推測する」ということの代表的な形が「確率の算出」である。

確率とは〝過去の傾向からの未来予測〟のことだ。しかし、たとえば、いくら信頼するに足る機関が発表した確率だとしても、それは確かなものなのか、大いに参考としていいものなのか疑問に思う人は多いだろう。「確率とは何か」を知らないからである。疑問に思うという段階にのみとどまらないために、まず確率の基礎を知ろう。

人間の「主観」まで含めて計算されている確率論

確率の算出の仕方には、2つの方法がある。「客観確率」と「主観確率」だ。

この時点で、大いに確率に興味を覚えた人も多いのではないだろうか。「主観」とは、「人の思い」ということである。確率論は、実は、人間の主観まで含めて確率の数値とする方法論を持っているのだ。これは、どういうことだろうか。

「客観確率」とは、事象が起こる頻度に依存する確率である。

たとえば「サイコロを無限界の回数で振ると、6の目が出る確率は6分の1」というものだが、これは、サイコロが正確な正六面体で、風などといったものの影響を受けない理想的な環境の中で振られることを前提としている。人間の頭の中だけにしかない世界である。これは「数学的確率」などと呼ばれる。

数学的確率に確率論の基礎はある。しかし、このままでは現実に応用はできない。そこで、現実に起こったことあるいは起こっていることの統計データを収集して、そこで特定の事象が起こる頻度を調べて確率を求める方法をとる。最もオーソドックスな方法で、これを「頻度主義」という。

頻度主義で最も身近なのは、天気予報だろう。たとえば「降水確率50％」という予報には、同じ気象条件の中で1000回中500回雨が降った、という過去のデータの蓄積に基づいている。

これら、「数学的確率」や「頻度主義」を「客観確率」という。

頻度主義の確率は、さまざまな研究や、行政、企業活動でも用いられているが、決して万能ではない。元になっているデータが過去数十年、長くてもせいぜい過去200年程度のデータであり、「過去のある時期のある環境下」での事象から導き出されたものであるにすぎないからだ。

これでは、たとえば100年に一度しか起きないとされていた事象が101年目に起こる可能性を排除することはできない。

そこで、「主観確率」という考え方が出てくる。

たとえば仕事の現場において、上司から「成功の確率は？」と問われたとき、多くの人は「9割方だいじょうぶです」というような答え方をする。これは、何かのデータに基づいて9割つまり90％という数字を算出しているわけではない。「ほぼ大丈夫です」という意味で9割方と言っている。つまり〝主観〟だ。

このように、**「特定の事象が起こる確率は○○％だと思います」という、人間の心理の中にあるものを確率としてとらえる考え方を「主観確率」という。**

「ベイズ確率」というものがある。統計に基づく推計・予測に「主観確率」を採用する考え方だ。これは人間の主観を採用して確率が成立するということを証明した18世紀イギリスの数学者トーマス・ベイズの名にちなんでいる。

ちなみに、「ベイズ確率」の立場に立って確率を考える人のことを「ベイジアン」という。

もっとも、主観的確率といっても、各人が勝手に思っている「オレ様」の数字では議論できないので、誰でも計算可能なものと考えると、各人が与えられた条件下の事前知識によるものの確率ということになる。

「条件が変わると確率が変化しうる」という意味で、主観的な確率というのである。

ベイズ確率の特徴は、多くの統計データを集めなくても、また、事象が起こる環境が変化しても適用できる、ということにある。主観確率による推計・予測は、従来の方法の推計・予測から見れば必ずしも正しいとはいえない。

しかし、「確率と確率による推計・予測の正しさとはいったい何なのか」ということを考えたときに話は違ってくるのである。

大量のデータ処理が可能になるにつれて、それに応じて推計が変わるようなモデルを考えるときには、主観的な確率も有効な分析ツールとなる。

したがって、現在ではベイズ確率による推計は、日常生活の分野でも利用されている。

客観確率で言えば、「宝くじ」を買うことはありえないが……

「客観確率」の精度はデータの蓄積の量によって変わる。しかし、膨大なデータを用いた「客観確率」においては起こらないとされていた事象も起こる時には起こる。

２０１１年の「東日本大震災」での地震や津波による福島第一原子力発電所の事故はその一例だ。電力会社および日本の規制当局は、日本における過去数十年のデータから、福島第一原子力発電所では深刻な事故をおこす地震や津波が発生する確率はきわめて低いとしていた。これを関係者は「想定外」と表現したのである。

「推計・予測の正しさとはいったい何なのか」ということを考えるうえでは、「宝くじ」について考えてみるとわかりやすい。「正しいか正しくないか」ということなら、宝くじを買うという行動は、客観確率の考え方からすれば正しいとは言えない。なぜかといえば、客観確率から考えれば、宝くじを買うことなどありえないからだ。

統計学で確率の見地から算定した平均値のことを「期待値」という。宝くじの期待値といった場合には、「掛け金に対して戻ってくる見込みの金額」を指す。

宝くじにはいろいろあるが、その期待値を計算すると40〜45％程度になる。これは、**無限に買い続けても、得られる賞金は買った費用の半分にも満たない**という意味だ。

そもそも宝くじは戦後の復興期に地方財政資金を調達するために考案・採用されたものである。平成28年度として公表されている宝くじの売上金の用途振り分けパーセンテージは、収益金39・6、社会貢献広報費1・3、印刷経費、売りさばき手数料など12・3、当選金として当選者に支払われる払戻金46・8だ。

払戻率が47％と全体の半分にも満たず、期待値も40〜45％に過ぎない宝くじをどうして人々は買うのだろうか……。このことについて、主観確率は別の見方をする。

宝くじを一枚だけ買い、いきなり一等賞金を当てる人がいるかもしれない。この人がこれ以降宝くじを買わなければ、この人の当選確率は1（100％）ということになる。

一方、100万枚買っても一枚も当たらない人もいるかもしれない。この人の当選確率は0（0％）である。

つまり、これは、ひとたび宝くじを購入した途端に、購入したすべての人にとって、当選する確率が平等に0から1の間になる、ということを示している。だからこそ、宝くじを買う人は、自分が買う宝くじが当選する確率は限りなく1に近いと思うのだ。

別の言い方をすれば、**当選する確率が常に0から1の間にあるからこそ、宝くじを買う人は自分が買った宝くじが当選する確率は限りなく1に近いと思うことができる**ということだ。

主観確率は、こうした人間の思いや信念のようなものを確率の対象とする考え方である。

払戻率47％、期待値40～45％は数式で得られる厳然たる事実である。この数字から言えば、宝くじを買うという行動はばかばかしいということになる。しかし、宝くじを買う人はいる。

人間の思いや信念のようなものがなぜ数学たる確率の対象になるのか、不思議に思う人は多いだろう。その理由は単純だ。数学たる確率の条件を満たしているからである。

「気持ち」を確率として考えることができる数学的理由

じつは、筆者は、今から40年前、私は東大の数学科を卒業後、経済学部に学士入学した。そこで、日本における主観確率の第一人者だった鈴木雪夫《ゆきお》教授に学ぶ機会を得た。その当時はまったく役立たずと評価されていたのに、いつの間にか統計の主流分野に変貌したのに驚いている。

主観確率については私も不思議な確率だなと思っていたが、鈴木教授に「髙橋君は数学科出身だからわかると思うが、ある『公理系』を満たすものはなんでも『確率』という。主観確率もその『公理系』を満たすから『確率』でいいんだよ」と言われて得心したものである。

ここで主観確率というのは、今で所与の条件の下で得られる確率という意味だ。

「その『公理系』」とは、**「コルモゴロフの公理」**を指している。学問としての確率はまずこの公理から始まる。20世紀のソ連時代のロシア人数学者アンドレイ・コルモゴロフの名にちなんでいる。

コルモゴロフの公理は、次の3つの公理から成り立つ。

第1公理　確率は、0と1の間をとる関数である。
第2公理　すべての事象を集めれば、確率はかならず1になる。
第3公理　Aが起きる時にはBは起きないという排反事象の場合、その確率は個々の確率の足し算になる。

この3つを満たしていれば、何でも「確率」といえる、というのがコルモゴロフの公理だ。

サイコロで考えるとわかりやすいだろう。

まず、1から6までの目の出る確率はそれぞれ1／6だから、0から1の間ということになって第1公理を満たす。1から6までの目が出る確率をすべて足せば1／6＋1／6＋1／6＋1／6＋1／6＋1／6で、その和はかならず1になり、第2公理を満たす。

「排反事象」とは同時には起こりえない事象のことだ。サイコロの場合なら、1個のサイコロを振ったとき、1の目が出れば2〜6の目は出ていない、という当たり前のことを指す。1の目が出る確率は1／6、2の目が出る確率も1／6だから、「1か2の目の出る確率」は1／6＋1／6で2／6になる。

こうして、サイコロの目の確率を計算することは、コルモゴロフの公理を満たしているので「確率である」とされる。

そして、主観確率においても同じことが言えるのだ。

主観確率も0から1の間にある。すべての確率の和は1になり、互いに排他的な事象は足し算になるという条件を満たしている。

たとえば、仕事が成功する確率を90％（0・9）と考え、失敗する確率を10％（0・

1）と考えるなら、その和は100％（1）なので、コルモゴロフの公理を満たすのである。

コルモゴロフの公理を満たしているから、主観確率は確率である。では、この主観確率はどのように利用されるものなのだろうか、という話に移ろう。

先にも述べたように、数学的確率は現実の問題にはほとんど適応できず、頻度主義的な確率も過去のデータに依存しているという限界がある。「世の中にはオーソドックスな客観確率だけでは解決が難しいケースが多い」ということだ。

そして、その解決のために、主観確率としての「ベイズ確率」が登場する。

スパムメールをはじくために利用されている確率

ベイズ確率は、統計情報を「情報」によって「更新」していく、という考え方をする。誤りを修正する作業を行って学習し、推計の精度を上げていくのだ。

「精度を上げる」とは、「真実を見過ごす誤り」と「誤りを見過ごす誤り」の2つをいかに同時に減らしていくかということである。

つまり、ベイズ確率は現実的に「使える確率」だ。

ベイズ確率による統計は「ベイズ統計」と呼ばれる。そしてベイズ確率の定理は、たった一つの式、「P(B|A)＝P(A|B)P(B)／P(A)」で表される。

「P(A)」は、事象Aが起こる確率を表し、「P(B)」は事象Bが起こる確率を表している。「P(B|A)」は事象Aが起きたときに事象Bが起こる確率で、これを「条件

付き確率」という。「P(A|B)」は、事象Bが起きたときに事象Aが起こる「条件付き確率」である。

ポイントはこの「条件付き確率」だ。2つの条件付き確率を使って現在進行形の問題を解決していくのがベイズ統計の特徴だ。

ベイズ統計は、身近なところでは、スパムメールつまり迷惑メールをはじくフィルタリング機能に使われている。スパムメールを完全にはじこうと思えばどうしても通常のメールもはじかれてしまうし、それを防ごうと思えば多くのスパムメールが混じることになる。

この精度を上げるのに使われているのがベイズ統計だ。

まず、主観確率として、届くメールの60%がスパム、40%が通常とする。スパムと通常の見分け方は、それらしいワードがメールに含まれているかどうかだ。仮にそのワードを「H」とする。「H」がスパムに含まれている確率を、これもまた主観確率で80%とする。

通常のメールに「H」というワードはほとんど含まれていない。しかし、入っている可能性もある。通常メールに「H」が含まれている確率を、これも主観確率で1％とする。

知りたいのは、メールの中に「H」というワードが含まれていたとき、そのメールがスパムである確率だ。これは、ベイズの定理に当てはめることで計算できる。

「P（スパム｜H）＝P（H｜スパム）P（スパム）／P（H）」と式をたてることができるのである。

「P（スパム）」は届くメールがスパムである確率60％＝0・6だ。「P（H｜スパム）」は「H」というワードがスパムに含まれている条件付き確率80％＝0・8だ。

「P（H）」つまりメール全体に「H」が含まれる確率は「P（H）＝P（H｜スパム）P（スパム）＋P（H｜通常）P（通常）」で出る。

「P（通常）」は届くメールが通常である確率40％＝0・4。「P（H｜通常）」は「H」というワードが通常に含まれている条件付き確率1％＝0・1。「P（H）＝0.8×0.6＋0.01×0.4＝0.484」で、メール全体に「H」が含まれている確率は0・484となる。

したがって、「H」というワードがメールに含まれていて、なおかつそれがスパムである条件付き確率は「P（スパム｜H）＝0.8×0.6÷0.484＝0.9917」で99・17％である。

これはつまり、「H」というワードでフィルタリングすると99・17%のスパムメールがはじける、という意味だ。

一方でこれは、ごく一部はまだ通常のメールもフィルタリングされてしまうことも示している。この「条件付き確率」を見ながら精度を上げていくのが、ベイズ統計である。

漠然とした確率のイメージは時に大きく間違っている

多くの人は確率を漠然としたイメージでとらえる。パッと見たところで、良いほうに考えがち、悪いほうに考えがちといったことだ。

そこで今度は、人間が漠然とイメージする確率が、ベイズ統計で算出した場合、つまり実際のものといかに違う場合があるかということを見てみよう。

かつてこんな問題が、ある医科大学の入試に出されたことがある。

《「病気にかかっている人」に検査法Tを適用すると、98％の確率で、病気であると正しく診断されます。「病気にかかっていない人」に検査法Tを適用すると、5％の確率で、病気であると誤って診断されます。病気にかかっている人の割合は3％、かかっていない人の割合は97％です。この検査法Tを適用して病気だと判断されたとき、本当に病気にかかっている確率はどのくらいでしょうか》

多くの人は、病気の人が98％の確率で病気であると正しく診断されるのだから、病気にかかっていると診断されれば本当に病気である確率も98％なのではないか、と思い込む。

では、これをベイズの定理にあてはめてみよう。

「P（病｜病診断）＝P（病診断｜病）P（病）／P（病診断）」の式が立つ。

「P（病）」は病気にかかっている人の割合3％＝0・03だ。「P（病診断｜病）」は病気にかかっている人に検査法Tを適用した場合に病気であると正しく診断する条件付き確率98％＝0・98となる。

「P（病診断）」つまり検査法Tで病気と診断される確率は「P（病診断）＝P（病診断｜病）P（病）＋P（病診断｜健康）P（健康）」である。

「P（健康）」は病気にかかっていない人の割合97％＝0・97。「P（病診断｜健康）」は病気にかかっていない人に検査法Tを適用した場合に病気であると誤って診断する条件付き確率5％＝0・05。「P（H）＝0.98×0.03＋0.05×0.97＝0.0779」で、検査法Tで病気と診断される確率は0・0779だ。

「P(病|病診断)=P(病診断|病)P(病)/P(病診断)」に当てはめると「P(病|病診断)=0.98×0.03÷0.0779=0.3774」で、答えは約38%である。

つまり、検査法Tで病気と診断されたとしても62%の人は病気にはかかっていない。病気の人に対しては98%の確率で正しく病気だと診断するにもかかわらずだ。不思議に思うだろう。

これは、そもそも実際に病気にかかっている人の割合が3%と少ないところにポイントがある。式ではなく、実数に置き換えて順々に計算していくとよくわかってくる。

検査法Tを適用した人の総数を10000人とする。

病気にかかっていない人は97%だから実数9700人、病気にかかっている人は3%だから実数300人。↓病気ではないのに病気と診断される人は9700人のうちの5%だから、485人。

一方、病気にかかっている人300人のうち、98%が病気であると正しく診断されたのだから、その数は294人。↓したがって、病気であると診断された人の合計は、485+294の779人↓779人のうち、本当に病気にかかっている人は294

人なのだから、294÷779で割って0・3774、約38%。

こういうことになる。

ベイズ統計は、結果を聞くと「え?」と思わせるケースが多い。しかし、実数計算するとすっきりわかるのがベイズ統計の面白いところでもある。

ちなみに私は、ベイズの定理にある公式をよく覚えていない。実数に置き換えて計算し、公式を導き出している。私は数学の専門家だが、2次方程式の解の公式すら覚えているかどうかあやしいものなのだ。

確率は「情報」によって変化していくもの

漠然とした確率のイメージにはいかに問題があるか、もうひとつの例を見てみよう。ベイズ統計といえば必ず紹介される、「モンティ・ホール問題」という面白いものがある。モンティ・ホールとは、アメリカのテレビ司会者の名前である。テレビ番組で実際に起こった話だ。

番組にたいへん人気のゲームがあった。「A」「B」「C」の3つのドアがある。そのうちの一つに必ず賞品が隠されている。当たる確率は1／3だ。

回答者がどれか一つのドアをまず選ぶ。すると次に、答えを知っている司会者が、ハズレをひとつ選んで除外する。

この時点で回答者は、もう一度、残ったドア2つの中から選び直すことができる。つまり「最初に選んだドアのままでいくか、選択を変えるか。その結果やいかに」というところが面白いゲームである。

さて、選択を変えた場合と変えない場合と、何か変化はあるのだろうか。「変えたほうがいい、変えないほうがいい」などといったことはあるのだろうか。一見、「ドアが2つになったなら当たる確率は1／2だし、もともと1／3の確率だったのだから、変えようと変えまいとどちらでも同じ」のように感じられる。

ところがそのイメージは間違っているのである。変化はあるのだ。あるＩＱの高いことで知られるコラムニストが**「選択を変えると当たる確率は〝2倍〟になる」**と指摘して物議を醸した。

これは実は、確率の公理で考えれば簡単な話なのである（※**図表⑲**参照）。最初に回答者が「Ａ」のドアを選んだとする。「Ａ」が当たる確率は1／3だから、残りのＢとＣが当たる確率は合わせて2／3の確率になる。

ところが次に正解を知っている司会者が、たとえば「Ｃ」のドアを開いたとする。「Ｃ」はハズレだとわかった。すると、「Ｃ」がなくなったことによって、「Ｂ」が当たる確率はその時点で2／3になる。なぜなら、確率の和は1だからだ。

したがって、「Ａ」から「Ｂ」に乗り換えたほうが当たる確率は高くなるのである。驚かれたのではないだろうか。

図表⑲ モンティ・ホール問題

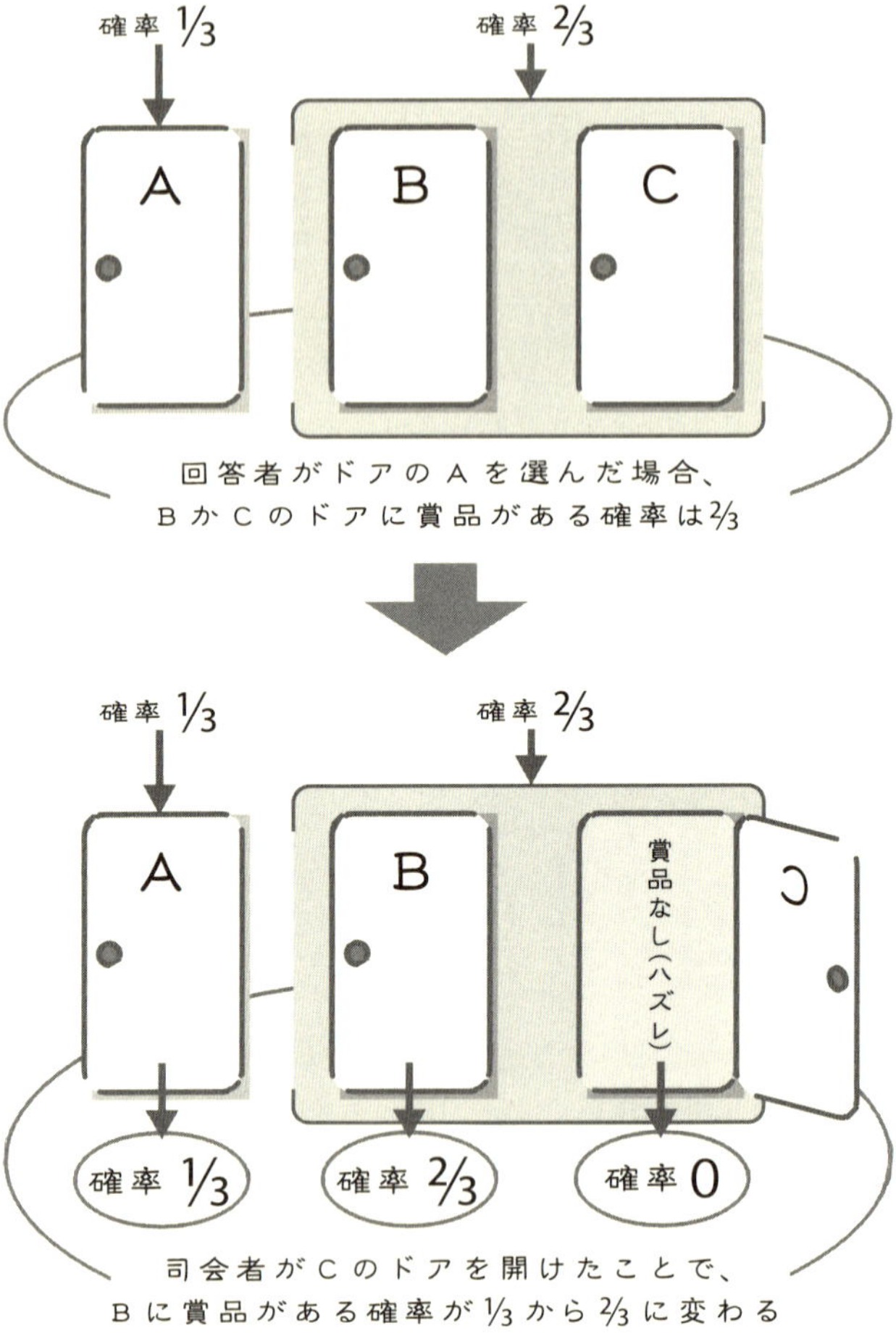

もちろん、司会者がハズレを1つ選んで取り除くという事後的な情報がなく、事態の変化がなければ、どれも1／3で確率は同じである。しかし、Aを選んだ後に、「C」がハズレだとわかるという〝事後情報〟によって、「B」が当たる確率は1／3から2／3に変わるのだ。このことは、数学的に証明されている。また、実際に実験をしてみてもそのような結果が出ることがわかっている。

この3つのドアのゲームで、ほとんどの人は自分の最初の選択を変えないそうだ。事後的な情報がないのであれば、変えないという選択は正しい。しかし、確率は事後情報によって変わっていくということを知っている人は選択を変える。行動に大きな差が出る。

事後の情報で確率が変わるということは、現在進行している事態の変化によって確率もまた変化するということだ。これが、ベイズ統計が実用的であるということのポイントで、この変化に対応していくことを「ベイズ更新（Bayesian Updating）」という。

確率は、いろいろな情報が入ってくることによって変化するということを知っておこう。

リスクの表し方には「絶対的」と「相対的」の2種がある

この章のはじめで述べたように、「リスク」とは確率の表現である。正確には、「損害の発生確率×損害の重大さ」をリスクと言う。

多くの人は、「リスクがあるのか、ないのか」といった考え方をする。たとえば、何か問題が起こると、マスコミは専門家に、「絶対に安心か、リスクはないのか」といった質問を必ず行う。

その専門家が誠実であればあるほど、「絶対ではない」と答える。するとマスコミはおしなべて「やはり危険だ」と報じる。

可能性が「0（ゼロ）」などこの世にない。今この瞬間にも東京タワーに隕石が堕ちてくる可能性は、非常に低いが、決して0ではない。

専門家にとって、「可能性は0ではない」つまり「絶対に安心ではない」という表

現は当然の言い方だ。ところが、可能性は0ではないと言うと、多くの人は、すぐに「可能性はあるんだ。危険なんだ」と思い込んでしまう。

確率だから、リスクは0か1かではなく、0と1の間の数値になる。「リスクがある」とか、「リスクはない」といった考え方は間違いだ。繰り返しになるが、本来、確率計算のないところでリスクという言葉は使えないものだということをまず知っておこう。

ちなみに、リスクの説明の仕方には2種類ある。**「絶対リスク表示」**と**「相対リスク表示」**だ。こういったことを知らない人も多いだろう。

次のような事実があったとする。

《5年間にわたって1000人がコレステロール降下剤を飲み、このうち32人が死亡しました。他の1000人は偽薬を飲んで41人が死亡しました。この差の9人という数字は、降下剤の効果があったことを意味します》

絶対リスク表示は、この事実を「1000人あたりの死亡数が41人から32人に減少したとすれば、0・41%から0・32%になったのだから、0・41－0・32で、コレステロール降下剤の効果は0・9％の死亡率減少」と説明する。そして、「コレステロール降下剤は、患者の死亡率を0・9％低下させる」と表示する。

一方、相対リスク表示は、「9人が降下剤で助かったのだから9÷41で22％死亡率を低下させた」と説明する。そして、「コレステロール降下剤は、患者の死亡率を22％低下させる」と表示する。

どちらも間違いではない。しかし、絶対リスク表示と相対リスク表示では、同じくリスクという言葉を使っていても数字が大きく違っている。相対リスク表示のほうが降下剤の効果が大きく見え、したがって、製薬会社などは多くの場合、相対リスク表示を使う。

私の場合は、絶対リスク表示で説明してもらったほうがすっきりする。とはいえ、0・41％が0・32％になったというパーセント表示は直感的にはわかりにくい。やはり、1000人中41人が32人になったという実数表示のほうがわかりやすく、誤解の余地も少ない。統計にはまず実数があるのだから、その実数から説明すべきだろう。

逆に言えば、リスクを議論する時には、絶対リスクと相対リスクとどちらで説明しているのかが明らかでなければならない、ということだ。

「確率をしっかり認識できない」——人間というもの

多くの人は、確率を正確にとらえるのが苦手である。

人間が確率をしっかり認識できないことがよくある事実を示す、**「誕生日のパラドックス」**という有名な問題がある。「ある人数のグループで、同じ誕生日の人がいる確率が50％を超えるのは何人以上のグループからか？」という問題だ。計算が複雑になるので、うるう年は除く。

細かい計算は省くが、正解は23人だ。41人で確率は90％を超え、57人では99％を超えてしまう。多くの人は、「そんなに少なくていいの？」と思う。ほとんどの人は自分と同じ誕生日の場合だけを考え、自分以外の2人が同じ誕生日になることを考えないからだ。

可能性を「過不足なく」揃えなければ、正しい確率は計算できない。

確率で語るべきもので、これからの生活上ますます重要になるものに、安全保障の問題がある。前述したが、安全保障の目的は「戦争を避けて平和を維持すること」だ。そして、ここでは「誕生日のパラドックス」に似たことがしばしば起こる。たとえば、**「同盟によって戦争に巻き込まれる確率が高くなる」という意見がある。これをもってのみ同盟を語る場合、そこには、「同盟によって同盟を結んだ国から攻め込まれる確率が低くなる」という視点が抜けてはいないか**といった問題だ。

安全保障論は確率論である。そのためにまず、避けるべき戦争そのものについてしっかりと知り、特に数量的に見ておく必要がある。

戦争の基礎データについては、訳せば〝戦争の相関プロジェクト〟というタイトルの「COW：The Correlates of War Project (http://www.correlatesofwar.org/)」というウェブサイトが役に立つ。1816年以降の戦争データが公開されている。このサイトで戦争の定義は「1000人以上の戦死者を出した軍事衝突」とされている。この数量的定義は国際政治・関係学で広く使われている定義である。

現在の日本では国内内戦の可能性は低いから、「国家間の戦争」のみ、見ていくことにする。まず、第二次大戦後、2007年までに、38回の戦争が起きている。そして、これら38回の戦争への関与国数をグラフ化すると、①朝鮮戦争（１９５０〜１９５３）、②ベトナム戦争（１９５５〜１９７５）、③湾岸戦争（１９９１）、④コソボ戦争（１９９８〜１９９９）のタイミングでグラフが跳ね上がっている。

38回の戦争が、どの地域で行われたかを円グラフにしてみる。①アジア地域39%、②中東地域24%、③アフリカ地域16%、④ヨーロッパ地域13%、⑤西半球地域（南北アメリカ）８%の順となる。38の戦争のうち、実に４割近い、15の戦争がアジア地域で発生していることがわかる。

第二次大戦後、世界で最も戦争が多い地域はアジアなのだ。アジア地域の戦争にはさまざまな国が関与している。アジア地域で起きた戦争に関わった延べ年数を見てみると、最多はベトナムの22年、続いてタイ19年、カンボジア18年、韓国13年、フィリピン13年、中国10年となる。アジア諸国以外では、アメリカが最多で22年、オーストラリアも14年とかなり多いことがわかる。

つまり**近年、アジアは世界の中でも戦争が多発してきた地域**である。しかも、日本の周辺には戦争に関与する頻度が高い国が多い。この現実に立脚しなければ話は始まらない。

「独裁国家」は戦争を起こしやすい!?

「むやみに隣国を敵視するのはよくない」という素朴な平和論をよく聞く。しかし、「民主的平和論」を知れば、その考えは変わるはずである。

「民主的平和論」は、18世紀プロイセンの哲学者イマヌエル・カントが指摘した、「民主主義（共和制）を採用している国同士では戦争が起きにくい」という理論だ。**カントは「民主主義（共和制）」「経済的な依存関係」「国際的組織への加入」の3つが戦争を防ぎ平和を増進するとした。「カントの三角形」と呼ばれる。**

この理論によれば、民主主義を採用しない独裁国家のほうが民主主義国家よりも戦争を起こしやすい。

民主主義国家では、国の行動は選挙で選ばれた政治家の合議で決まる。選挙を左右する世論や三権分立といった権力の相互抑制機能があるなど、そもそも戦争などという極端な行動が選択されにくい。相手も民主主義国家であれば同様の状況を持つ。

一方、独裁国家では選挙や権力の相互抑制機能がないため、戦争といった極端な行動が採用されやすい。独裁者あるいは独裁政党が開戦を決めてしまえば、それを止める仕組みがない。

アジア地域には、民主主義を採用せず、公式に共産主義あるいは社会主義を標榜している国が4カ国ある。中国、北朝鮮、ベトナム、ラオスだ。第二次大戦後にアジア地域で起こった戦争の多くに、この4カ国は関係している。中国、北朝鮮は日本の隣国である。目と鼻の先の距離に警戒すべき非民主主義国家が存在している、ということになる。

しかし、民主主義を採用しているからといってそれだけで安心だと言えるわけでもない。表向きは民主主義国家でも、実際には独裁的な政治が行われている国は珍しくない。「Polity IV Project　https://www.systemicpeace.org/polity/polity4.htm」（ポリティ・プロジェクト）というサイトに掲載されている、アメリカの政治学者テッド・ロバート・ガーが1974年に発表したデータに基づいて作成されている民主度実態図を見ると、欧州や北南米の国々は地域全体で民主化が進んでいる。対して、アジア地域や中東地域、アフリカ地域では民主化が進んでいない国が多い。

日本周辺を見ると、いちおう民主主義を掲げているロシアの民主度が低いことが気になる。ロシアは「開放的な権威主義体制」に分類されている。ロシアは、かつての西側の最大の仮想敵国・ソ連の後継国家だ。いまだにかなり強大な軍事力を維持していることも考慮すれば、ロシアもまた決して油断できる国ではないと言えるだろう。

「民主的平和論」にはかつて、民主主義の定義が曖昧である、例外が多い、といった批判があった。しかし近年、アメリカの国際政治学者のブルース・ラセットとジョン・R・オニールが膨大な戦争データを用いて実証分析を行い、2001年に『Triangulating Peace: Democracy, Interdependence, and International Organizations』というタイトルの研究集大成を出版し、その中で**「民主的平和論における民主主義国家同士はまれにしか戦争しないという命題は正しい」**と結論づけた。

従来、国際政治・関係論には戦争抑止における視点が大きく2つに分かれて存在していた。**軍事力によるバランス・オブ・パワー論を重視する「リアリズム」の視点と、軍事力に加えて貿易などの経済的要素を重視する「リベラリズム」の視点である。民主的平和論を含むカントの三角形はリベラリズムを代表する考え方である。**

平和の問題は数量的に考えてこそ見えてくる

ラセットとオニールは、**軍事力に関するリアリズムの要素を「①有効な同盟関係を結ぶこと」「②相対的な軍事力」の2つに置き換え、リベラリズムを代表するカントの三角形を「③民主主義の程度」「④経済的依存関係」「⑤国際的組織への加入」の3つに置き換えた。**

こうした置き換えを行って数学的処理を行ったところ、①〜⑤のすべての要素が戦争を起こすリスクに影響を与えることがわかった。

「①有効な同盟関係を結ぶこと」で戦争のリスクは40％減り、「②相対的な軍事力」が一定割合（標準偏差分を指す）増すことで36％、「③民主主義の程度」が一定割合増すことで33％、「④経済的依存関係」が一定割合増すことで43％、「⑤国際的組織への加入」が一定割合増すことで24％、それぞれ戦争のリスクを減らすのである。

この5つは**「平和の5要件」**とも呼ばれている。これらがなぜ戦争リスクを減らすのだろうか。

【①有効な同盟関係を結ぶこと】同盟関係の状況を見て戦争を思いとどまる可能性が高くなる。また、同盟国同士で戦争する可能性は低くなるから、戦争リスクを減らす。

【②相対的な軍事力】互いの国の軍事バランスが崩れると戦争が発生するリスクが高まる。「いま戦えば勝てるのではないか」と考えるからだ。

軍事力が均衡していればいるほど戦争による損失が大きくなる可能性が高まり、戦争への抑止力が高まる。軍事力にあまりに大きな差がある場合には劣位の国が優位の国に属国化するから戦争リスクは低下する。

【③民主主義の程度】一方の国が非民主主義であれば戦争のリスクは高まり、双方とも非民主主義国であればさらに戦争のリスクは高まる。

【④経済的依存関係】貿易などで経済関係が強まっている相手と戦争を始めると、開戦した途端に自国も大きな経済的ダメージを負う。

【⑤国際的組織への加入】たとえば国連憲章は自衛権の行使や軍事制裁などの例外を

除いて武力による威嚇を禁止。戦争の違法化を強く意識しているため戦争抑止の効果がある。

日本は、平和を維持したいのであれば、①〜⑤のすべての要素を過不足なく考慮してリスクを下げる必要がある。

注意すべきは、中国や北朝鮮のような非民主主義国が相手の場合、「③民主主義の程度」の要素は最初から存在しないということだ。

そのため、①同盟関係と②相対的な軍事力、あるいは④経済的依存関係、⑤国際的組織加入にかかる比重がどうしても大きくならざるをえない。安全保障を論理的に考えるとは、こういうことである。

中国については、急速な経済成長による軍備拡大でかつては日本が有利だった軍事バランスが中国有利に傾き、「②相対的な軍事力」は崩れている。「④経済的依存関係」は、1990年代以降の相互依存関係の進展で戦争のリスクは減少。

注目したいのは「⑤国際的組織への加入」だ。AIIB（アジアインフラ投資銀行）設立など、中国は、既存の国際機関とは別に自らが影響力を行使できる国際機関をつくる動きに出ている。不安定要因だ。

北朝鮮については、核開発・ミサイル開発などで、「②相対的な軍事力」の均衡が崩れかねない状況にある。「④経済依存関係」は、経済制裁などで関係はさらに疎遠になり、戦争のリスクは高まっている。「⑤国際的組織への加入」の要素に大きな変化はない。

これが、中国、北朝鮮に対する戦争のリスクの考え方だ。特に北朝鮮については、ポジティブな要素が見受けられないため、戦争のリスクは相当に上がっていると推察できる。

もっとも、現在は、これまでなかった米朝首脳会議が開かれている。

これは、⑤国際的組織への加入の一歩手前またはそれに準じたものであり、やや戦争リスクは一時より低下したという見方もできる。

「場合」を過不足なく考慮せよ

「①有効な同盟関係を結ぶこと」「②相対的な軍事力」「③民主主義の程度」「④経済的依存関係」「⑤国際的組織への加入」を「平和の5要件」と言い、それぞれの要素が戦争のリスクを下げる、ということはすでに述べた。

そう考えた時、2016年に施行された集団的自衛権の行使容認を含む安保法制は、「平和の5要件」の中の「①有効な同盟関係を結ぶこと」の強化をアメリカとの同盟関係において行い、戦争のリスクを下げることを目的としたもの、ということが理解できるだろう。

安保法制の国会での議論で、政府・与党は、集団的自衛権は他国からの侵略のリスクを減らすと主張した。それに対して一部野党が、集団的自衛権の行使で自衛隊のリスクが高まる、という批判を行うということがあった。

しかし、おそらくは双方ともに確率というものがわかっていないために、政府・与党と一部野党で話がかみ合わず建設的な議論にはならなかった。なぜかみ合わないのか、あえて単純化して説明してみよう。

政府・与党と一部野党の、両者の言い分を満たすような仮想的な数値例をまず掲げておく。個別的自衛権のみの場合に、不測の事態に陥る場合が2ケース、問題が起こらない通常の場合が98ケースとする。集団的自衛権を加えた場合には、不測の事態に陥る場合が4ケースに増えるとし、問題が起こらない通常の場合が396ケースとする。

政府・与党が「集団的自衛権が戦争のリスクを減らす」と言っていたのは、こういうことである。個別的自衛権のみの場合において不測の事態に陥るリスクは2／100＝2％だが、集団的自衛権を加えた場合には4／400＝1％。集団的自衛権を加えることによって、リスクは2％から1％に下がる、ということだ。

一方、一部野党が「自衛隊のリスクが高まる」と言っていたのは、こういうことだろう。集団的自衛権を加えた場合に不測の事態に陥るリスクは、個別的自衛権のみの場合の2／6＝33％から4／6＝67％に高くなるではないか、ということだ。

政府・与党は、集団的自衛権によって問題が起こらなくなる通常の場合まで含めて考えたところで、集団的自衛権が加わった方がリスクは低下する、と述べている。一方、一部野党は、集団的自衛権によって問題が起こらなくなる、つまり安全になる場合を考えずに、自衛隊のリスクが高くなる、と述べているのである。不測の事態が起こることを前提として、そのリスクを比較することでのみ、不測の事態の下で活躍する自衛隊のリスクは高まるという結果を、いわば無理やり引き出していると言うこともできる。

もちろん、ここに掲げた数値は仮想のものであり、実際の絶対的な数値水準は異なる。しかし、集団的自衛権で同盟関係を強化すれば戦争のリスクが低下することは、過去の戦争データ、ラセットとオニールの実証分析からも明らかにされていることだ。

この問題に関してはどちらが正しいということは言えない。ただ、**安全になる場合を考慮しない議論はフェアな議論とは言えない。危険のみを煽って、感情論で説き伏せようという方法だからだ。**

場合というものを過不足なく考慮しない議論は、フェアではないから客観的ではない。現実的な効果も期待できない。ビジネス上の議論にもこれはそのまま当てはまるだろう。

この章のまとめ

◆「リスク」という言葉は
確率の数値の準備がなければ使えない

◆確率論は、人の主観までも
数学的な確率としてとらえる理論

◆パッと見て漠然とイメージする確率は
だいたい間違っている

◆ビジネスでも活用される「ベイズ確率」は
情報で更新していく確率

◆安全保障も
「平和の5要件」の確率で考える

第5章

フェイク情報にだまされない、正しい「予測アタマ」のつくり方

説得力のある意見は、数学的思考の手順をふんでいる

統計や確率は事象を予測して世の中に役立たせるためにあり、それらがどのような考え方の下で計算されているか、ということを前章までに述べてきた。

特に、文系的な思考方法に慣れきってしまっている人には刺激になったのではないだろうか。

また、それらの計算にあたっては、データの収集方法がランダムであることや、過不足のない場合分けといった前提が重要なこともすでに触れた。

仕事の現場においても「この人の意見には説得力がある」という場面に時には出会うはずだ。なぜ説得力があるのか考えてみると、数量的な思考手順をしっかりとふんだ意見である場合が多いことに気づくだろう。

統計や確率による事象の予測は、十分な前提があってこそのものだ。そして新聞やテレビなどのマスコミもまた数字予測というものをよく行う。

時にはビジネス上、仕事にその数字を利用する場合もあるに違いない。その数字を全面的には信じないまでも、まあまあ信じている人は多い、ということだろう。しかし、実際のところはどうだろうか。

たとえば、選挙の獲得議席予想は、マスコミの数字予測の花形とされている。結論から言えば、同じ基礎データを使っているのに、マスコミによっては予想数値にかなりの違いが出る。

それはなぜなのか、という話であり、数字予測を見る場合には、その数字が出された背景にも注意する必要がある、ということである。

２０１７年10月22日の衆議院選挙の例を見てみよう。直前に希望の党、立憲民主党の誕生など、情勢がくるくると変わり、予想しづらい選挙だった。

10月上旬のマスコミの予想として例をあげれば、10月5日発売の『週刊文春』（10月12日号）は、次のように予測した。「自民２１４、公明34、維新27、希望１０１、共産22、立憲28」。

私もまた、公示の一日前、10月9日にWeb『現代ビジネス』で予想値を公表した。「自民260、公明35、維新25、希望80、共産25、立憲15」。『週刊文春』の予想とは自公で50議席近い違いが出ている。

『週刊文春』が使った基礎データと私が使った基礎データはほぼ同じ時点でのデータだ。私はデータをそのまま式に当てはめて計算した。

計算式は、次のような条件のもとにつくる。まず比例代表の投票先のデータから、小選挙区での獲得議席数が予測できる。小選挙区は一人しか当選しないから、わずかな投票率の差であっても大きな差が出る。

海外では、政党が獲得する議席数は、その党の得票率の三乗に比例するという「三乗の法則」が知られているが、日本の場合は、最近のデータから見ると「二乗の法則」が当てはまることがわかる。

「二乗の法則」に基づいて、小選挙区の当選者数を予測する。二乗の影響があるので、比例の議席数が1：2だとすると、小選挙区の議席獲得数は1：4になるという感じだ。

こういったことをもとにしてつくった計算式に、直近の世論調査の政党支持率のデータを入れると獲得議席数が予測できる。

10月11日から13日にかけて、新聞各社の予想が出揃った。

朝日新聞は「自公、300議席うかがう勢い」、毎日は「自公300超うかがう」、読売は「自民、単独過半数の勢い」、日経は「与党300議席に迫る勢い」、産経は「自公　300議席うかがう」。私が算出した自公295議席とほぼ同じである。

しかし、異なる数字予測を出したマスコミもある。

操作されている可能性もある獲得議席予測

２０１７年の衆議院選挙の獲得議席予想は、おおかたのマスコミは、自公が３００近い議席を獲るだろうとした。一方、10月11日発売の『週刊現代』（10月28日号）は、「自民が54議席減　希望80、立憲民主40」という見出しを出した。自民が大幅に負ける、と予測した。

10月15日に、私は、直近の世論調査の数値にデータを更新して、改訂版の予想を出した。「自民２７５、公明30、維新15、希望65、共産15、立憲40」。

実際の選挙結果は「自民２８４、公明29、維新11、希望50、共産12、立憲55」。自民、公明はほぼ予想合格の許容範囲だといえるが、立憲と希望は外した。合計数は当たったが、内訳が違っていた。

各新聞社の予想もだいたい同じようなもので、自公の予想は当たり、立憲と希望の内訳を外した。そんな中で、『週刊現代』と『週刊文春』は自民が大幅に負けると予測して、完全に外した。

マスコミによって数字予想に異なる結果が出るのは、基礎データが違うからかもしれない。そこで、新聞社各社が公表している調査方法を見てみよう。

共同通信：10月10〜11日の2日間にわたって、コンピュータで無作為に電話番号を発生させ電話をかける方法で実施。実際に有権者のいる世帯に電話がかかったのは11万8901件。回答を得られたのは9万2261人。

朝日新聞：10月10〜13日の4日間にわたって、コンピュータで無作為に作成した固定電話番号に調査員が電話。有権者がいる世帯と判明した電話番号は計15万3239件。有効回答は計8万8152人。

日経新聞：日経リサーチが10月10〜12日にわたって無作為に選んだ全国の有権者13万299人を対象に電話。7万8285人から有効回答。

いずれも、コンピュータが乱数でつくりだした電話番号を使う「RDD（Pandom digit

dialing)」と呼ばれる方式により、8~9万人くらいの回答を得て基礎データとしている。これは、大規模な世論調査の部類に入り、経費がかかる。一社ではできないところもあるため、複数社でデータを共有しているのが普通だ。

毎日新聞、産経新聞は共同通信のデータを使っている。読売新聞は日経新聞と共有している。つまり、実際に調べているのは、朝日新聞、日経新聞、共同通信の3社ということになる。

この3社は、同じ時期に同じくらいの規模の調査をしている。したがって、**データをそのまま使って出せば、予想数値に大きな差が出るはずはない。**しかし、自民の獲得議席数の予想は、日経260に対して、共同289、朝日286と、30議席近い差が出ていた。

実はこれは、各社が「独自取材の結果を加味している」ために出る差だ。関係者の話によれば、各選挙区に人員を張りつけ、有権者たちに話を聞き、取材による個別選挙区の情勢を加味している。

取材対象がバイアスのかかった人であれば、取材結果には当然バイアスがかかっていることになるのは明らかだろう。

これは**事実上、数字をでっちあげているのと同じである。**

週刊誌の場合はさらに顕著に基礎データによる予想が修正されて報道されているということだ。政治に影響を与えたいのか、雑誌の売上を伸ばしたいのかはさておき、インパクトのある数字と見出しで報道するわけである。

数字予測はこのような使われ方がされる場合もあることを知っておこう。

なぜ出口調査で「当選・落選」を発表できるのか

前項では私の予測も具体的に紹介したが、私は新聞社のようにお金をかけてやっているわけではない。それでも、大差のない数字を予想することができる。なぜかといえば、モデル式を使っているからだ。

モデル式をつくるまではたいへんだが、式ができてしまえば、あとはデータを入力するだけである。取材などは必要ない。

しかし、**私はデータによる予想が絶対だとは言わない。データのみによる予想のほうが、独自取材と称する人為的な要素を入れるよりも当たる打率は高い、と言うだけだ。**

データによる予想が大きく外れることもある。たとえば支持率が、世論調査をしたタイミングと選挙日とで大きく変われば、データによる予想は外れる。このことを政治の世界では「風が吹いた」などと言うのである。

選挙の話をもう少し続けよう。予想や予測というものがどういうものか、よくわかるからだ。

投票日、実際に開票が開始されるのは8時以降だが、テレビの開票速報は番組開始とともに当選者を発表していく。開票作業が終わっていないのになぜ当確が発表できるのか、不思議に思う人は多いだろう。これは、各マスコミが各選挙区に送り込んだ調査員による「出口調査」の結果である。

なぜ出口調査で当確が公表できるのか。第三章でちょっとだけ触れた「二項分布」という統計理論を使うことで予想の裏付けがされているからである。出口調査で入手しているのは、「投票した人のうち何%がその立候補者に投票したか」ということだ。「何%が?」という話は「確率」の話である。

ある選挙区で、定員1名の枠に対して2人の立候補者、A、Bが名乗りを上げたとしよう。二項分布では「成功」と「失敗」の確率を分析する。この場合、投票結果を

「Aが当選するか＝成功、Aが当選しないか＝失敗」として考える。

出口調査の結果を実際の投票結果に確実に近づけるためには十分な数の調査が必要になる。相当数のデータを集めることになるから調査結果は「正規分布」に限りなく近くなり、

平均±標準偏差1個分の範囲に、全体の約68％が含まれる
平均±標準偏差2個分の範囲に、全体の約95％が含まれる
平均±標準偏差3個分の範囲に、全体の約99％が含まれる

という正規分布の性質を当てはめることができて、分析が簡単になるというわけだ。

問題は「誤差」である。

公表するに値する判断を下すには、最大でどれくらいの誤差を考えなければいけないか、それを算出するために二項分布を使うのである。

細かい計算は省くが、「1000人のサンプル数である場合、約95％の確率で各候補者の実際の得票率は、出口調査による得票率の±3になる」という答えが出る。

これはつまり、実際の当選に必要な得票率は過半数の51％だから、1000人のサ

ンプル数で54％以上の得票率をとっているなら約95％の確率でその人は当選確実だと予測することができる、という意味だ。

　これは正規分布の性質の「約95％」の場合である。約99％の確率で、つまり、より間違いの少ない予測をしようとする場合には最大で±4・5％の誤差を考慮することが必要だ、という計算になる。

　この場合、1000人の出口調査でAが55％、Bが45％であれば、かなりの自信をもってAの当選確実が放送される、ということになる。

「トランプ大統領誕生」を予測できなかったマスコミ

予想するとは、確率をどう考えるかということだ。**マスコミが提供する情報は、確率とは何かをちゃんと理解している人がマスコミには少ないために、予想＝思い込みになってしまうケースが多い。**そのいい例が、2016年のアメリカ大統領選挙の報道だった。

ドナルド・トランプがヒラリー・クリントンをおさえて当選した時、日本のマスコミは「アメリカの世論調査の予想が外れた」と報じた。これは間違いである。

アメリカの調査機関は、世論調査データをもとに予想値を算出する。そこに恣意的な要素は入れず、データで確率を出す。

当時アメリカの調査機関は「ヒラリー氏が50％の確率で勝ち、トランプ氏が40％の確率で勝つ。ヒラリー氏が優勢」という言い方の発表をしていた。ヒラリー氏が絶対に勝つなどとは言っておらず、優勢だと言っていただけである。

この確率を見た時に言える予想は、「かなりの接戦であり、トランプ氏が勝つ可能性も高いが、それよりもヒラリー氏の勝つ確率のほうが少し高い」というものである。

私もまた、アメリカの複数の世論調査をもとに計算してみた。ヒラリー氏が勝つ確率が55％程度、トランプ氏が勝つ確率が45％程度となった。選挙人獲得数でいえば、ヒラリー氏が２７０程度、トランプ氏が２５０程度という予想になった。

調査機関の予想は、50州とワシントンＤＣのうち、２、３の州では外したが、他のほとんどの州では当たっていた。選挙人総取りという米大統領選挙のシステムでは、２州がひっくり返るだけでも結果が大きく変わる。

結果、トランプ氏の勝利となったわけだが、各州の勝敗が当たったか外れたかを見てみると、２州を除いて当たっていた。

つまるところ、**アメリカの世論調査は、ほとんど当たっていた**ことになる。「一部の州の予想が外れて、それが結果に大きく影響した」というのが真相なのである。

日米に限ったことではないが、マスコミには、確率的に物事を考えることのできる人が少ないようだ。ヒラリー氏を推す民主党寄りの米マスコミは、「予想が外れた」とショックを受けて大騒ぎをした。

実のところ、確率が低いほうに転んだだけの話である。確率が低いとはいえ、トランプが当選する確率は4割以上あると、調査機関は報告していたのだ。

民主党寄りのマスコミには、「トランプ氏には大統領になってほしくない」という思いがあった。バイアスである。バイアスがあると、確率的な視点でデータをきちんと見ることはできない。日本のマスコミもまた、同様のバイアスがあるとともに確率的に考えることができないから、「ヒラリー氏が勝つ」と思い込んでいただけだ。

世の中にはこうしたかたちの報道および情報は多い、ということは知っておくべきだろう。

いちばんいいのは、手を入れられる前のデータにあたることだ。記事のソースとなるデータ、いわゆる一次資料は今ではほとんどの場合ネットで簡単に入手できる。

一方、マスコミ側は、データを公平な目で見ずに思い込みや希望などといった恣意的なものを入れすぎるから信用を失い、「フェイクニュース」などと批判される状況になっているのだ、ということを自覚したほうがいいだろう。

言葉の定義の問題にすぎない「AI」への恐怖

危機感を煽り立てる報道や、根拠なく特定の勢力に加担する報道、いわゆるフェイクニュースなどと呼ばれるものは、統計や確率といった数量的な点をあいまいにすることでミスリードする。もちろん、知識が欠けているために単にあいまいになり、何を言っているのかわからない記事もある。

それとともにフェイクニュースは、言葉の定義をあやふやにして誘導するという面があることを知っておこう。これもまた、もちろん、知識の欠如からあやふやになり、意味のわからない記事になっている場合もある。

私は理科系の人間であり、言葉の定義というものにとてももうるさい。私が専門としていた数学は、はっきり言って定義がすべての世界である。ひとつに対してひとつの意味しかありえず、定義をいい加減にすれば学問にならない。

数字に弱い人はおおかた、定義をきちんとしないままべらべらとしゃべる傾向にあるようだ。そして、同じ言葉を繰り返し使うということを嫌がる。違う言葉を使って展開していくのがいいと考えているらしい。しかしこれは駄目である。

同じ概念であれば、同じ言葉を使い続けなければ議論にはならない。言葉の定義がされていないから言葉も言葉の意味もぶれ、議論はどんどんかみ合わなくなっていく。たとえば、ＡＩについて話される場合によく出てくる「シンギュラリティ（singularity）」という言葉がある。日本語では、「技術的特異点」あるいは「特異点」とだけ訳される。数学を専門とした私から見ると、現在世の中にあふれているＡＩの話はほとんどがまやかしだが、シンギュラリティはその代表的なものだろう。

特異点を超えるとＡＩが人間の知能を超える、という話が「シンギュラリティ」だということになっている。つまり、だからＡＩは恐ろしい、ということなのだろう。

しかしこれは、「何がどう人間の知能を超えるのか定義してください」という質問で終わってしまう話である。

数学者・広中平祐氏が１９７０年に日本人で２人目のフィールズ賞を受賞した際の研究は「標数０の体上の代数多様体の特異点の解消および解析多様体の特異点の解

消」だった。特異点ということなら、「広中の定理」でシンギュラリティは解消できますね、などと言っておくとかなりの牽制《けんせい》球になる、というような笑い話でしかない。

言葉の定義もできていないのに、「シンギュラリティが起こって大変なことになる」というのは、「1999年に人類が滅びる」と言ったノストラダムスの大予言と変わらない。

AIは「人工知能」と訳されているが、この訳語がそもそも誤解を与えている。「知能」という言葉から連想して、機械が「知恵」を持っているかのように思ってしまう人が多い。

AIは「知恵」はまったく持っていない。人間がつくったプログラム通りに働くだけである。AIが人間より優れているのは大量にかつ高速にデータ処理ができることだけだ。

単なる「プログラム」のかたまりがAIであり、AIで起こりうることはすべて、それがプログラム化できるかどうか、という点に還元できる。「それ」がプログラム化できるなら、「それ」はAIによって起こりうる。プログラム化できないものは、AIを使っても起こりえない。

「AI時代」は自分の得意分野で戦え

ＡＩについてＳＦ映画のような話をする人を困らせるには、「どういうプログラムを書けばそういうことが起こるのか」という質問がいちばんいい。この質問に答えられる人がいない限りは、現実に「そういうこと」は起こらない。さらに言うなら、危険なことが起こるプログラムが書けるのであれば、それが起こらないようにするプログラムも書ける。

プログラムの中には、進化型のプログラムというものがある。プログラムにプログラムを書かせるわけだ。しかし、これとて、どこまで書かせるかを決めるのは人間である。単なるプログラムが人間を「超える」などは、当面、ありえない。

「ＡＩにはこんな恐れがある」と言うのなら、そういう恐れが起こらないようにプログラムを組めばよい。懸念があるなら、懸念をつぶすプログラムを考えれば解決する、ということだ。それでもＡＩが怖いなら、電源を切ってしまえばよい。

まやかしのAI論にだまされてはいけない。SFのような話はやめて、現実のAI

について、ロジカルに考える必要がある。つまり、ＡＩが人間を超えることは当面ありえないが、人間の仕事の一部を奪うことは十分にありえるということだ。

コンピュータの優れている点は計算能力だ。その能力を生かしやすいのは、定型的な仕事、いわゆるルーティンの仕事である。たとえば、弁護士、公認会計士、税理士などの「士」のつく「サムライ業」こと「士業」は、難しい国家試験を通らなければなれないから専門職のように思われているが、実際にやっている仕事の多くは定型的な業務である。

弁護士は依頼者から「これは法律的にどうなのか」と問われ、法律知識をもとに過去の判例を調べたりして法的な助言を行う。しかし、過去のすべての判例を調べることは時間的にも能力的にも人間にはまず無理である。ＡＩなら、大量の判例データベースから近似の判例を探し出して法的な対応策を提示する作業をわずかな時間でやってしまうだろう。

「士業」の仕事は資格制度とされ、資格要件を満たさない人間にはその業務を禁じることで参入障壁を高くし、自らの存在価値を高めてきた。ＡＩをはじめ、技術の進歩には、その障壁を崩すという側面がある。

ここでは士業を例に取ったが、医者の業務、銀行業務、公務員の仕事、出版業界の業務から、日銀の業務までなど、定型的な業務はどんどんＡＩ化されていくはずである。職種のすべてがなくなるわけではないが、大幅に少ない人員でできるようになるだろう。

機械に任せるのは危険だ、と言ったところで何の説得力もない。機械に任せておけば、少なくとも老人がブレーキとアクセルを踏み間違えたりする事故は起きないのである。もちろん、ＡＩ化するのが難しく、人間でなければできない仕事もある。

今後どのような業界が伸びそうかという質問を受けることがあるが、私にもこの答えはわからない。ＡＩ化が進んだ場合のことをある程度予想することはできるが、「こうなる」と言えば嘘になるだろう。

現在、どんな業界にいるとしても、運・不運というものはある。運はコントロールできない。ＡＩの時代は必ずやってくるが、仕事がどうなるのか、会社がどうなるのか、わからないことは多い。しかし、わからないからこそ人生は面白い。お互い、**自分の好きなこと、得意なことを活かせる分野で生きる**ことだ。そうであれば、怖いものなどない。

「年金崩壊」は無知による誤解

「年金は破綻するのか。本当に私は年金をもらえるのか」という心配をしている人は多いようだ。結論から先に言えば、「きちんと制度運用をしていれば大丈夫」である。現状の制度をきちんと運用していれば、破綻する、などと騒いだり悲観したりする必要はない。

日本の年金制度は、なるべく現役の人の負担を抑え、応じて将来の給付もそこそこに抑えるという仕組みになっている。これが一番安定する。年金制度は安定していることが重要であり、安定していれば確実に年金はもらえる。

騒ぐことで得をするマスコミなどの一部の人々も含め、会計的な知識がない人に限って年金の破綻を口にする。年金制度が安定するかどうかは、負担する人数・受け取る人数といった「人数」の問題ではなく、「金額」の問題である。

したがってBS（バランスシート）で考える必要があり、BSを見れば、年金制度とはどういうものかということもわかる。

徴収する保険料は「資産」であり、ＢＳの左側に書かれる。給付しなければならない年金は「負債」であり、ＢＳの右側に書かれる。

日本の公的年金は基本的に「賦課方式」である。年金支給のために必要な財源は、その時々の保険料収入から用意される。

つまり日本の公的年金は、将来自分が年金を受給するときに必要となる財源を現役時代の間に積み立てておく「積立方式」ではない。ここが肝心だ。

どういうことかというと、日本の公的年金については、**資産も負債も、過去から遠い先の将来まですべてを含めてＢＳをつくることになる**ということだ。

政府は永遠に保険料を徴収できるから「資産」は無限大になる。一方、政府は永遠に年金を給付し続けるから「負債」も無限大になる。

無限大では計算のしようがないではないか、というのは数学あるいは金融を知らない人の誤解である。将来の「資産」と「負債」は、割引率を使って計算した「現在価値」に直して計算可能な額にすることができるのだ。

政府は年金のバランスシートを試算している。２０１４年に発表された平成26年度の厚生年金バランスシートを見てみよう。

「負債」である年金給付債務は２０３０兆円である。支払わなければいけない年金額すべての現在価値である。

「資産」である、徴収できる保険料総額の現在価値は１４７０兆円。他に国庫負担３９０兆円、積立金１７０兆円が計上されている。

積立方式でやるとすれば、「年金給付債務　２０３０兆円」はすべて積み立てられなければならない。しかし、実際には積立金は負債の一割にも満たない１７０兆円である。日本の年金が基本的に賦課方式で実施されている制度だということはＢＳからも明らかだ。

賦課方式は、制度がずっと続くことを前提とする。そして、「負債」と「資産」は必ず一致するように計算される。したがって債務超過は発生しない。

ところが、「日本の年金は積立不足だから破綻する」と指摘する人がいるのである。

これは、無知による誤解だ。

日本の年金制度は破綻しない

年金破綻論は、すべてはＢＳを途中で区切って読むことから起こる誤解である。制度が未来永劫続くことを前提とした年金資産と年金負債でつくられたＢＳは、「保険料」＝「給付額」という式をもって「資産」と「負債」は必ず一致する。

しかし、このＢＳをどこかの時点で区切って読むと「負債」のほうが大きくなる。なぜなら、保険料を払わずに給付を受けた人々が存在するからだ。

国民皆年金は１９６１年、昭和36年に始まった。この時点ですでに高齢者となっている人がたくさんいた。

仮に積立方式でスタートしたとすれば、20歳の人は60歳まで40年間積み立て、60歳以降は自らの積立分をもらうことになるのだから問題はない。40歳の人も20年間くらいは積み立てることができるだろう。

しかし、60歳以上の人はすでにリタイアしているから積み立てることはできない。積み立てていないからもらえませんよ、とは、選挙によってすべてが成り立つ政治家に言えることではない。

つまり、国民皆年金を積立方式でスタートすることは難しかった。現役世代の保険料を老齢世代の給付にあてる賦課方式にせざるをえなかったのである。

最初のうちは、保険料を一円も納めていない人にも給付する。したがって単年でBSをつくれば必ず赤字になる。単年でBSを読んだ場合には、その分は税金で補填する以外にはない、ということになる。

しかし、この制度を長く続けていくとどうなるか。「納めていないのに年金を受け取る人」が減っていくので、赤字がなくなりバランスがとれていくのである。

最終的には必ずバランスがとれて不足はなくなるのだが、どこか途中でBSを切り取ってしまうと、債務超過になる。保険料を納めずに受け取っていた人の分が存在するからだ。

日本は人口の多い国である。年金の加入数も膨大である。保険料を払わずに年金を受け取った人も相当数おり、その給付額はかなりの額なので、BSを途中で区切って読んではいけないのである。

日本の公的年金制度は、成熟するにつれて保険料と給付が一致していき、不足分が解消されていく仕組みである。したがって、不足額が大きいからといって不安に思う必要はない。

不足額が増えていく場合には問題だが、少しずつでも不足額が減っているのであれば問題はない。時間が解決する。

額の問題ではなく、バランスつまり不足額が増えているのか減っているのかが重要である。議論のポイントは、不足額を減らすスピードに関する制度改正だ。保険給付額を抑えたり保険料率を上げれば不足額が減っていくスピードは上がるのだが、各論でそれに賛成か反対かという話だ。

忘れてはいけないのは、公的年金は最低限の「ミニマム」の保障だということだ。「年金がこんな額ではやっていけない」などといった個人的な事情は関係ない。負担に応じて給付額が決まる。

負担額の低さと給付額の低さのバランスが取れていれば、日本の年金制度はそう簡単に破綻するものではない。

「消費税増税」で景気が悪化するメカニズム

経済学者や評論家の中には、「消費税を上げても景気は悪くならない」と言う人々がいる。本当に経済を知っているのなら、増税が民間需要を圧迫することなどわかりきっているはずだが、そう言うのには何か事情があるのだろう。

そして実際に増税すれば、景気は確かに悪化する。それを指摘されれば、彼らは『短期的には悪化しても長期的にはメリットがある」と弁解する。逃げ口上である。

「長期的」とは、どれくらいのスパンのことを言っているのだろうか。たとえば増税のために景気が悪化し、30年後にようやく上向きになったとしよう。

その間の経済政策や民間の努力があって不況を脱するわけだが、そのとき、彼らは「これは30年前の増税のおかげである」とでも言うのだろうか。

イギリスの経済学者ケインズは「長期的には我々は皆死んでいる」という名言を残

した。「長期」ばかりを言う経済学者および評論家には要注意である。

消費税増税賛成の論として「世代間格差を是正するために消費税増税が必要」というものがある。

超高齢化社会の進む日本では貧しい若者・豊かな高齢者という構図が定着しており、年金生活者は所得税を免れる一方、若者は所得税に加えて年金保険料を強いられているという状況があり、不公平だから、万人から等しく取る消費税を増税すればいい、という理屈だ。

格差を言うのであればなおのこと、万人に等しくかかる種類の税の増税では是正できない。消費税は、富めるものにとっては痛くも痒《かゆ》くもなく、貧しいものにとってはほんのわずかでも生活に響く税である。

世代間格差であれ何であれ、格差を是正するのであれば所得税を増税すればよい。「あるところからはより多く、ないところからはより少なく」税金をとる累進課税は、所得分配という意味で理にかなっている。世の中全体で支え合う「優しい制度」だ。

世の中には貧しい高齢者もいれば金持ちの若者もいる。消費税増税論者の主張は「世代間格差」という問題設定においてそもそもおかしいということを知っておこう。

消費税増税で景気が悪化することは、２０１４年、消費税が５％から８％に引きあげられたときに実証済みである。なぜ消費税増税で景気が悪くなるのか。それは、第２章で説明したマクロ経済の「総需要曲線」の動き方を考えればすぐにわかる。

総需要の内訳は何だったろうか。「消費＋投資＋政府需要＋輸出－輸入」である。それぞれの要素が消費税増税でどう動くか、という話だ。

まず、「消費」は落ちる。１０８０円で買えていたものが１１００円になるのだから買い控えて当然だ。「投資」は、消費税とはあまり関係がないから、とりあえずは、変わらない、と考える。「政府需要」は上がる。増税で政府の収入は増え、その一部は債務返済に回すが、残りは政府支出に回すからである。

「輸出」はあまり変わらないだろうが、「輸入」は落ちる可能性が高い。輸入品にも消費税がかかるから売上低下につながると予想できる。ただし、輸出入には為替の変動も関わるので、ここは不問としておくのが適当だろう。

「財政難だから、医療費削減」に要注意

総需要の内訳「消費＋投資＋政府需要＋輸出－輸入」の中で、消費税増税が目立った影響を与えるのは、「消費が落ちる」という点と「政府需要が上がる」という点だ。どちらの影響が大きいかといえば、明らかに消費の落ち込みである。

政府需要に期待できる、と言われるかもしれないが、政府需要が上がるといっても増税分がすべて効率的に政府支出に回るわけではない。また、そこには必ず無駄が生じる。

とにかく税金は「強制」だ。消費マインドに大きな影響を与える。その波及的な悪影響というものもある。

そこで、総需要と総供給の曲線を見てみると、明らかに総需要曲線は左にシフトする。物価は下がり、実質ＧＤＰが下がる。これが増税で景気が悪化するメカニズムである。

よほど景気が加熱して、総需要曲線が右にシフトした時には、増税によって民間か

らお金を召し上げることも考えられる。総需要曲線を左にシフトさせてインフレを少々クールダウンすることも必要だろう。しかし、たいていの場合、増税は私たちの生活の足を引っ張るだけである。

もちろん、減税をすれば、まったく逆のことが起こる。しかし、減税という政策は、海外ではよくあることだが、日本では政治的に難しいと考えたほうがいい。一度上げた税を下げるというのは、特に消費税ではまだ一度も例がない。

減税という政策をとれないから、総需要曲線を右にシフトするために政府は、増税で吸い上げた分を財政支出によって民間に戻す、という手法をとる。国の経理をあずかっている財務省は、そうすることで権限を保っている。

第1章でも述べたように、**BSを見れば明らかな通り、日本の財政状況はまったく悪くない。したがって財政難を理由とする増税には根拠がない。**

財政難を理屈にした政策見直し論は、消費税増税の他にもいろいろとある。たとえば、医療費上昇の問題だ。

確かに医療費は上昇の一途にある。厚生労働省によれば、2017年度の医療費が前年度から9500億円増の42兆2000億円になったという。年齢別で見ると、75

歳以上の費用は前年度から6800億円増の16兆円で、全体の増加分の7割超を占めている。3年前と比較して、1兆5000億円の上昇だ。

抑制が必要と考えた時、感情一切なしの議論であれば、たとえば、医療のコストパフォーマンスを医療費対延命効果で測って一定以下の医療をやらないとすればいい。頭の体操でもあるが、経済財政諮問会議特命室の討議資料作成の必要から、私はある大学病院の協力を得て分野別医療費のコストパフォーマンスを測定したことがある。「良い分野」と「悪い分野」に二極分化しており、悪い分野は終末期医療に多い。**医療費の問題は、終末期医療をどうするかに帰着する部分が大きい**のだ。尊厳死問題を含め、今後ますます議論になっていくだろう。

しかし、そんな議論は実際にはならなかった。そもそも、財政難だから医療費カットという議論は危険である。繰り返すが、日本の財政が危ないという前提が間違っているからだ。本質的な解決を遠ざけるこうしたすり替えを追放するためにも、ものごとを数量的に考える人たち、数字をきちんと武器にできる人たちの増加に期待したい。

この章のまとめ

◆ 数量的であるということが、論理的であるということ

◆ 予測するとは、算出された確率の数字を客観公正に考えること

◆ しっかりとした言葉の定義がなければ議論も予測も成り立たない

◆ 気になるニュースは、ソースのデータや一次資料を見る

◆ 知識の欠如に過ぎない財政破綻論から生まれるウソに注意

おわりに

日常生活で「数学的思考」を実践せよ！

世の中は「数字」で動いている。日々テレビで流されているニュースや新聞報道を見ていてもそれはわかるだろう。景気の話にせよ、賃金の話にせよ、税金の話にせよ、人口の話にせよ、ITの話にせよ、すべて数字が基本となる話だ。

いわゆる「文系」と呼ばれる人々はこの意識が決定的に欠けている。あるいは、数字というものに苦手意識を持っている。

したがってそういった人々の話はフワッとしていて、未来だとか展望だとかといったものが、良くも悪くもお花畑のような、〝なんとなく〟の話にしかならない。

たとえば今、自分に資産がいくらあり、負債がいくらあり、純資産はいくらになるのか即答できる人がどれくらいいるだろうか。つまり、自分のバランスシートを数字で明確に把握しているか、ということだ。

自分のバランスシートを把握していないということは、自分のポテンシャルを把握していないということだ。これでは、「自己の可能性」などといくら格好のいいことを言ってみたところでお話にならない。

ここまで、経済学、会計、統計、確率の基礎の基礎を紹介してきた。それぞれの詳細を理解することはなかなか難しいが、少なくとも、世の中を動かしている数字というものがどのようにできあがっているのか、数量的にものごとを考えるとはどういうことなのか、おわかりいただけたのではないだろうか。

つまり、本書をお読みいただいたあなたは、すでに「数学的思考」を手に入れているか、少なくとも、すでに「数学的思考」に慣れている、と言うことができるのである。

数学的思考があれば、世の中の見方ががぜん違ってくる。政治的経済的な情勢を見るにおいても、ニセ情報に惑わされることはなくなるだろう。

もっと身近なことに引き寄せて言えば、数学的思考があれば、たとえば預金すべきか投資すべきかといった選択も明確な理由をもって判断できる。

投資するといった局面でも、なぜこの企業になぜこれだけの額を投資するのか、明確な根拠のもとに明確な自信を持つことができる。

こういったことこそが、社会に生きる、ということだ。

自分の周囲1メートルくらいのところから、「数学的思考」をさっそく試してみるとよい。

たとえば保険の加入や自動車のローン購入、住宅のローン購入などを考えているというようなことがあれば、いいチャンスだ。まずはすべての数字を洗い出すことから始めてみよう。

「数学アタマ」が必要な局面は、すでにすぐ目の前にあるのである。

平成最終月

高橋洋一

参考文献

「数学アタマ」をつくる
髙橋洋一著作リスト

『統計・確率思考で世の中のカラクリが分かる』（光文社／2011年10月）

『数学を知らずに経済を語るな！』（PHP研究所／2011年12月）

『数字・データ・統計的に正しい日本の針路』（講談社／2016年2月）

『【図解】図25枚で世界基準の安保論がスッキリわかる本』（すばる舎／2016年7月）

『たった1つの図でわかる！ 図解経済学入門』（あさ出版／2016年8月）

『「年金問題」は嘘ばかり』（PHP研究所／2017年3月）

『いまさら聞けない！「経済」のギモン、ぶっちゃけてもいいですか？』（実務教育出版／2017年8月）

『ついにあなたの賃金上昇が始まる！』（悟空出版／2017年10月）

『明解 会計学入門』（あさ出版／2018年4月）

『「文系バカ」が、日本をダメにする
―なれど"数学バカ"が国難を救うか』（ワック／2018年5月）

『「官僚とマスコミ」は嘘ばかり』（PHP研究所／2018年4月）

『未来年表 人口減少危機論のウソ』（扶桑社／2018年11月）

『図解 統計学超入門』（あさ出版／2018年12月）

『ド文系大国日本の盲点』（三交社／2019年1月）

髙橋洋一

（たかはし・よういち）

1955年東京都生まれ。数量政策学者。嘉悦大学ビジネス創造学部教授、株式会社政策工房代表取締役会長。東京大学理学部数学科・経済学部経済学科卒業。博士（政策研究）。80年に大蔵省（現・財務省）入省。大蔵省理財局資金企画室長、プリンストン大学客員研究員、内閣府参事官（経済財政諮問会議特命室）、内閣参事官（内閣総務官室）等を歴任。小泉内閣・第一次安倍内閣ではブレーンとして活躍し、数々の政策を提案・実現。2008年退官。
近書に『日本の「老後」の正体』（幻冬舎）、『増税の真実』（SBクリエイティブ）、『「消費増税」は嘘ばかり』（PHP研究所）など。

正しい「未来予測」のための
武器になる
数学アタマのつくり方

2019年5月30日　第1刷発行

著　者　　高橋洋一
発行者　　鉄尾周一
発行所　　株式会社マガジンハウス
〒104-8003
東京都中央区銀座3-13-10
書籍編集部　☎03-3545-7030
受注センター　☎049-275-1811

印刷・製本所　株式会社リーブルテック
カバーデザイン　井上新八
本文デザイン　フロッグキングスタジオ
図表制作　hachiii（Table Magazines）
撮影　小川朋央
取材協力　尾崎克之

ISBN978-4-8387-3049-0 C0033